数字赋能
推动共同富裕
基于浙江实践

曹 柬　马修岩
童　骏　刘　璐 ｜ 著

图书在版编目（CIP）数据

数字赋能推动共同富裕：基于浙江实践／曹东等著.
北京：经济科学出版社，2025.6. -- ISBN 978-7-5218-
6941-5

Ⅰ.F127.55

中国国家版本馆 CIP 数据核字第 2025VY3522 号

责任编辑：周胜婷
责任校对：王肖楠
责任印制：张佳裕

数字赋能推动共同富裕：基于浙江实践

曹 束 马修岩 童 骏 刘 璐 著

经济科学出版社出版、发行 新华书店经销
社址：北京市海淀区阜成路甲 28 号 邮编：100142
总编部电话：010-88191217 发行部电话：010-88191522
网址：www.esp.com.cn
电子邮箱：esp@esp.com.cn
天猫网店：经济科学出版社旗舰店
网址：http://jjkxcbs.tmall.com
北京季蜂印刷有限公司印装
710×1000 16 开 12.25 印张 170000 字
2025 年 6 月第 1 版 2025 年 6 月第 1 次印刷
ISBN 978-7-5218-6941-5 定价：78.00 元
(图书出现印装问题，本社负责调换。电话：010-88191545)
(版权所有 侵权必究 打击盗版 举报热线：010-88191661
QQ：2242791300 营销中心电话：010-88191537
电子邮箱：dbts@esp.com.cn)

本书得到以下项目资助：
- 以数字赋能推动共同富裕研究（24GTFY002YB），浙江省哲学社会科学专项课题项目
- 我国制造业低碳化发展的理论体系、政策框架与实践路径研究（22AZD127），国家社会科学基金重点项目
- 清洁能源技术赋能工业生产全过程脱碳的新业态新模式与浙江先行先试路径研究（2024C35011），浙江省软科学研究计划项目
- 数据合作共享推进创新链产业链双向融合的机制与路径研究（23NDJC094YB），浙江省哲学社会科学规划课题项目
- 需求驱动的云平台制造服务资源分配机制与优化研究（22YJC790083），教育部人文社会科学研究一般项目

PREFACE 前言

在"十四五"规划期间,中国设定了"持续增进民生福祉,扎实推动共同富裕"为经济社会发展的关键目标与任务。数字经济,作为财富创造与共享的重要载体,不仅推动了公平与效率的统一,而且深刻改变了生产、生活与治理模式,逐渐成为推动我国经济高质量发展的核心动力。2022年的政府工作报告明确提出了"扎实推进共同富裕"及"促进数字经济发展"的工作目标。因此,发展数字经济已成为推进共同富裕的必由之路和战略抉择。浙江作为全国数字经济先行省,坚定不移地执行党的二十大和习近平总书记的重要指示精神,忠实践行"八八战略",深入实施数字经济"一号工程"加强版,推动数字经济"由大变强变优"的变革跃升,为奋力推进中国特色社会主义共同富裕先行和省域现代化先行提供强大支撑。

本书聚焦浙江实践,深入探索了数字赋能在推动共同富裕方面的多维路径与先行先试经验。全书共分为六个章节。第一章介绍了浙江省共同富裕示范区建设的现状和数字化发展的基础;第二章探讨了"扩中""提低"在浙江的实践路径;第三章关注中小企业在数字化转型中的发展路径;第四章着眼于数字化如何推动文化产业繁荣;第五章探索了"两山"转化的实现路径;第六章讨论了数字赋能在推动共同富裕中的保障机制与支持体系。

感谢浙江工业大学管理学院研究生徐雨婕、竺慧琳、沈郁泽、周迎新、周小涛、李世正、周美含、洪青青、吴惠娟对本书资料收集和整理的贡献。感谢浙江省哲学社会科学规划重大课题预立项项目"以数字赋能推动共同富裕的研究"对本研究的资助。

本书不仅是对浙江省在数字化领域先行先试的深度解读，更是对如何借助数字化手段实现社会和经济高质量发展的一次深刻探讨。它透彻分析了数字技术在推动社会公平、经济增长和治理革新上的关键作用，为全国乃至全球范围内的数字化转型和共同富裕探索提供了理论依据和实践案例。希冀本书的出版能够对相关领域的专家学者、政府工作人员以及企业界人士有所裨益。

著者

2025 年 3 月 20 日

CONTENTS 目录

第一章

绪论 ·· 1

第一节　浙江省共同富裕示范区建设现状 ································· 2
第二节　浙江省数字化发展基础与趋势 ···································· 6
第三节　数字赋能推动共同富裕的机遇与挑战 ························ 14
第四节　数字赋能推动共同富裕的浙江模式与实践 ·················· 18

第二章

数字赋能推动"扩中""提低"建设的路径与实践 ············ 24

第一节　"扩中""提低"牵引共同富裕变革 ························· 24
第二节　精准画像破解"扩中""提低"难题 ························· 46
第三节　"扩中""提低"行动浙江新实践 ····························· 52

第三章

数字赋能推动中小企业发展的路径与实践 ························ 65

第一节　数字赋能推动中小企业高质量发展现状 ····················· 65
第二节　中小企业数字化发展路径 ··· 72

第三节 中小企业数字化发展实践探索 …………………… 83

第四章

数字赋能推动文旅产业繁荣的路径与实践 …………… 88

第一节 文旅产业数字化的内涵、挑战与新趋势 …………… 88
第二节 数字文旅助力乡村文化产业振兴 …………………… 102
第三节 乡村文化产业新实践 ………………………………… 112

第五章

数字赋能推动"两山"转化实现的路径与实践 ……… 120

第一节 数字赋能推动"两山"转化的现状与趋势 ………… 120
第二节 数字赋能推动"两山"转化的实现路径探索 ……… 125
第三节 数字赋能推动"两山"转化的浙江新实践 ………… 135

第六章

数字赋能共同富裕的保障机制 ………………………… 152

第一节 数字赋能共同富裕保障机制的构建 ………………… 153
第二节 数字赋能保障共同富裕的实践案例 ………………… 161
第三节 数字赋能推动共同富裕深入的保障措施 …………… 167

参考文献 ……………………………………………………… 178

第一章

绪　　论

共同富裕，是社会主义的本质要求，是中国共产党始终如一的价值追求。浙江省作为中国经济发展的重要地区，积极响应国家号召，于2021年成立了共同富裕示范区，旨在推动区域经济的均衡发展，消除贫困，提高人民的生活水平。我国当前加快推进共同富裕的进程，且正值数字经济快速发展，有关数据表明，2023年，我国数字经济规模达到53.9万亿元，占GDP比重为42.8%，数字经济对GDP增长的贡献率为66.45%，预计到2025年，中国数字经济行业市场总体规模将突破70万亿元。[①] 可以预见，随着数字技术的不断进步，未来我国经济数字化转型将会持续快速发展。讨论共同富裕的实现路径无法脱离数字经济的大背景，必须在发展数字经济的同时促进共同富裕。国家支持浙江高质量发展建设共同富裕示范区，浙江省坚定不移地践行"数字浙江"的战略部署，以新一代信息技术驱动数字经济跨越式发展，支撑浙江打造全球数字变革高地。浙江省信息通信行业深化信息技术注智赋能，为全省社会经济发展注入更为强劲的发展动能。本章将深入剖析浙江省共同富裕示范区建设的现状，解读浙江省数字化发展的基础和趋势，探讨数字赋能在共同富裕实现过程中的机遇和挑战，并概述浙江在数字赋能领域的模式和实践。

---

① 李芃达. 从11.2万亿元到53.9万亿元——数字经济发展动能强劲［EB/OL］. (2024-09-24)［2024-12-26］. https://www.gov.cn/yaowen/liebiao/202409/content_6976033.htm.

第一节 浙江省共同富裕示范区建设现状

一、示范区背景与意义

党的十九届五中全会向着更远的目标谋划共同富裕，提出了"全体人民共同富裕取得更为明显的实质性进展"的目标。而当前，我国发展不平衡不充分问题仍然突出，城乡区域发展和收入分配差距较大，发展质量效益有待提高，居民生活品质还需改善，精神文明和生态文明建设还有很大提升空间，各地区推动共同富裕的基础和条件也不尽相同。促进全体人民共同富裕是一项艰巨而长期的任务，也是一项现实任务，迫切需要选取部分条件相对具备的地区先行示范。

浙江无论是经济发展程度还是社会公平程度，均处于全国第一梯队，这为新发展阶段浙江高质量建设共同富裕示范区奠定了坚实的基础。

浙江地区具备较好的经济基础，富裕程度较高。浙江拥有发达的制造业和现代服务业，其中不乏一些在全国乃至全球都有影响力的企业。这些企业的成功经验和创新模式，为浙江在推进共同富裕方面提供了宝贵的经验借鉴。2024年浙江生产总值为9.01万亿元，人均生产总值超过13万元；居民人均可支配收入为6.7万元，是全国人均可支配收入水平4.1万元的1.63倍。[①]

浙江在区域发展中注重平衡，发展均衡性较好。在浙江，政府一直致力于推动区域间的协调发展，重视城乡一体化和区域协调发展。2024年，浙江城乡居民收入倍差为1.83，远低于全国，最高最低地市居民收入倍差为1.54，所有设区市居民收入都超过全国平均水平。[②]这种注重平

[①②] 资料来自《中华人民共和国2024年国民经济和社会发展统计公报》《2024年浙江省国民经济和社会发展统计公报》以及2024年浙江省各设区市的国民经济和社会发展统计公报。

衡的发展理念，使浙江能够更好地解决城乡差距、区域差距等问题，为实现共同富裕奠定了坚实的基础。

浙江在社会治理和民生保障方面也可圈可点，改革创新意识较为强烈。浙江注重发展社会事业，提高人民的福利水平，重视教育、医疗、社保等领域的发展，使广大人民群众能够共享社会进步的成果。浙江探索创造了"最多跑一次"等多项改革经验，创造和持续发展了"依靠群众就地化解矛盾"的"枫桥经验"，较强的改革和创新意识便于大胆探索和及时总结示范区建设的成功经验和制度模式。[①]

浙江在推进共同富裕中还具备较强的政策支持。国家对浙江的发展给予了大力支持，通过并出台了一系列的政策和措施，尤其是《中共中央　国务院关于支持浙江高质量发展建设共同富裕示范区的意见》。可以说，我国吹响共同富裕的号角，从"浙"里正式开始。这些政策的支持，为浙江提供了良好的政策环境和发展机遇，为浙江在推进共同富裕方面提供了强大的动力和条件。

浙江共同富裕示范区的建设不仅得益于多方条件的有力支持，同时也为全国其他地区推动共同富裕提供了丰富的实践经验和重要参考。这一建设过程充分发挥了浙江经济社会发展的独特优势，通过创新性举措和全面改革探索，为实现全社会的高质量发展和公平共享提供了新思路。

首先，以浙江为共同富裕示范区的探索有利于通过实践进一步丰富共同富裕思想内涵，它是贯彻落实习近平新时代中国特色社会主义思想的具体实践，将为党的创新理论特别是共同富裕的思想内涵提供丰富理论素材和生动实践例证。

其次，有利于探索破解新时代社会主要矛盾的有效途径。建设共同

---

① 为促进全体人民共同富裕探索路径——就支持浙江高质量发展建设共同富裕示范区访国家发展改革委有关负责人［EB/OL］．（2021-06-10）［2024-11-30］．https：//www.gov.cn/xinwen/2021-06/10/content_5616869.htm.

富裕示范区，有针对性地解决人民群众最关心、最直接、最现实的利益问题，在高质量发展进程中不断满足人民群众对美好生活的新期待，将为破解新时代社会主要矛盾探索出一条成功路径。

再其次，有利于为全国推动共同富裕提供省域范例。通过开展示范区建设，及时形成可复制推广的经验做法，能为其他地区分梯次推进、逐步实现全体人民共同富裕作出示范。

最后，有利于打造新时代全面展示中国特色社会主义制度优越性的重要窗口。浙江多年来一以贯之践行"八八战略"，持续深化改革开放，在市场经济、现代法治、富民惠民、绿色发展等方面成果显著。通过打造共同富裕区域性示范，助力推动中国特色社会主义制度优势转化为治理效能、发展优势，形成全球治理贡献中国智慧的重要窗口。

二、共同富裕示范区的发展历程

《中华人民共和国国民经济和社会发展第十四个五年规划和2035年远景目标纲要》提出，支持浙江高质量发展建设共同富裕示范区。从2021年中共中央、国务院印发《关于支持浙江高质量发展建设共同富裕示范区的意见》开始，到后续《浙江高质量发展建设共同富裕示范区实施方案（2021—2025年)》、最高检发布的《关于支持和服务保障浙江高质量发展建设共同富裕示范区的意见》（见图1–1），浙江省深入学习中央出台的相关政策以及习近平总书记关于共同富裕的重要论述精神，细化落实中央关于支持浙江高质量发展建设共同富裕示范区的意见。

预期到2025年，浙江省推动高质量发展建设共同富裕示范区取得明显实质性进展。经济发展质量效益明显提高，人均地区生产总值达到中等发达经济体水平，基本公共服务实现均等化；城乡区域发展差距、城乡居民收入和生活水平差距持续缩小，低收入群体增收能力和社会福利水平明显提升，以中等收入群体为主体的橄榄型社会结构基本形成，浙

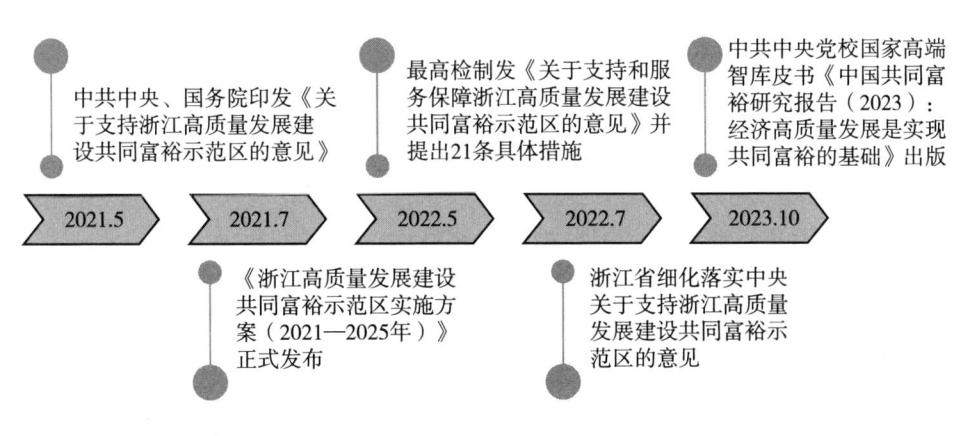

图 1-1 浙江共同富裕示范区发展历程

2021.5	中共中央、国务院印发《关于支持浙江高质量发展建设共同富裕示范区的意见》
2021.7	《浙江高质量发展建设共同富裕示范区实施方案（2021—2025年）》正式发布
2022.5	最高检制发《关于支持和服务保障浙江高质量发展建设共同富裕示范区的意见》并提出21条具体措施
2022.7	浙江省细化落实中央关于支持浙江高质量发展建设共同富裕示范区的意见
2023.10	中共中央党校国家高端智库皮书《中国共同富裕研究报告（2023）：经济高质量发展是实现共同富裕的基础》出版

江省居民生活品质迈上新台阶；国民素质和社会文明程度达到新高度，美丽浙江建设取得新成效，治理能力明显提升，人民生活更加美好；推动共同富裕的体制机制和政策框架基本建立，形成一批可复制可推广的成功经验。

到2035年，浙江省高质量发展预计取得更大成就，基本实现共同富裕。人均地区生产总值和城乡居民收入争取达到发达经济体水平，城乡区域协调发展程度更高，收入和财富分配格局更加优化，法治浙江、平安浙江建设达到更高水平，治理体系和治理能力现代化水平明显提高，物质文明、政治文明、精神文明、社会文明、生态文明全面提升，共同富裕的制度体系更加完善。

三、成就与成功经验

浙江省作为中国经济发达地区之一，积极探索共同富裕示范区建设的路径，取得了一系列效果，并且为后续我国共同富裕道路模式探索提供了更为丰富的经验。

（1）产业升级与创新引领。浙江省注重推动传统产业的升级和转型，通过引入新技术、新模式和新业态，推动产业的创新发展。例如，在杭州和宁波等地，建设了一批互联网产业园区和创新创业基地，吸引了大量优秀的互联网企业和创业者，推动了互联网与传统产业的融合发展。

（2）创新创业支持政策。浙江省制定了一系列支持创新创业的政策，包括创新创业基金、创新创业孵化器等，为有创新创业意愿的企业和个人提供资金和服务支持。这些政策的实施，为创新创业者提供了更好的创业环境和机会，推动了就业和收入的增长。

（3）公共服务优化。浙江省注重优化公共服务，提高公共服务的效率和质量。通过推动电子政务、在线教育、智慧医疗等领域的发展，浙江省实现了公共服务的数字化、智能化，让更多人享受到便捷的公共服务。

（4）区域协同发展。浙江省注重区域协同发展，通过推动城乡一体化、城市群建设等措施，实现了城乡发展的协调和统筹。例如，在杭州湾区，浙江省积极推动城市群建设，促进了区域经济的协同发展，为共同富裕示范区的建设提供了有力支撑。

（5）社会参与和共治。浙江省注重社会参与和共治，通过鼓励社会组织、企业和公民参与共同富裕示范区的建设，形成了政府、市场和社会的合力。例如，在一些示范区，浙江省鼓励社会组织和企业参与扶贫、教育、医疗等领域的公益活动，推动共同富裕的实现。这些经验为其他地区推动共同富裕方面提供了有益借鉴。

第二节　浙江省数字化发展基础与趋势

一、浙江省数字化发展的基础

当前，数字赋能已成为现代化建设的重中之重，从数字化技术创新到数字经济中的应用,世界各国都在加足马力、全力争夺未来全球经济竞争发展的新优势。中共中央、国务院高度重视数字经济发展,审时度势地出台了《国家数字经济战略纲要》等系列数字经济政策文件。尤其是党的十九大以来,数字经济发展被提到了更高的战略地位。浙江顺应当代科技革命发展趋势,充分把握全国一体和省域先行的关系,演绎了从数字技术、信息技术导入到数字产业、信息产业发展,再到以数字经济、信息经济为第一经济形态的区域发展范式的生动案例,践行了从"最多跑一次"改革到政府数字化转型、"一件事"集成式改革的治理体系和治理能力现代化的迭代升级,是中国共同富裕目标的生动典范。当然,其成功离不开政府支持、数字基建、人才培养以及强大的产业基础。

(一) 政府支持和政策引导

自习近平总书记制定"数字浙江"战略以来,浙江数字经济走过了跨越的20年,形成了国际国内领先优势,成功实现了三个阶段的转变。

一是从"数字浙江"到"四张清单一张网"的积淀蓄力。2003年时任浙江省委书记的习近平同志提出了"数字浙江"的重大部署,以此为蓝图全面构筑浙江省数字政府的"四梁八柱"。2014年"四张清单一张网"形成了政府数字化转型的先发优势,为浙江省数字化改革奠定了扎实的基础。

二是从"最多跑一次改革"到"政府数字化转型"的纵深推进。2017年以来,围绕为民办实事的立场,浙江省以"最多跑一次"改革为牵引撬动政府各个领域进行了"刀刃向内"的自我革命。2018年进入政府数字化转型阶段,经历了部门核心业务数字化转型、建设跨部门协同标志性项目、以场景化的多业务协同应用为抓手建设整体智治的现代政府三个过程。

三是从"政府数字化转型"到"数字化改革"的蝶变领跑。2019年10月，启动国家数字经济创新发展试验区建设。进入"十四五"新阶段，浙江省在原来政府数字化转型的基础上全面推动数字化改革。可以说，政府在数字化发展中的战略地位为浙江的共同富裕目标提供了坚实支撑。

(二) 数字基础设施建设

数字基础设施是数字社会的基石，加强数字基础设施建设对落实网络强国战略、加快建设"数字中国"、支撑全省数字化改革，促进经济社会高质量发展，实现新时期战略目标具有重要意义。

数字基础设施建设水平方面，浙江聚焦打造全国数字基础设施标杆省，数字基础设施建设水平全国领先。浙江省每万人拥有5G基站数居全国各省份之首；杭州、宁波获评全国首批"千兆城市"；建成（舟山）国际互联网数据专用通道；阿里云"城市大脑"、海康威视"视频感知"陆续入选国家新一代人工智能开放创新平台；supET平台、supOS平台入围国家级"双跨"平台名单；联合国全球地理信息知识与创新中心正式落户德清；杭州成为国务院首批列入"建设信息基础设施和推进产业数字化成效明显城市（州）"。[①]

数字基础设施技术创新方面，浙江省聚焦智能计算、新一代通信与智能网络、新一代智能芯片、量子科技等重大科学问题及关键核心技术，组织实施"双尖双领"计划，形成了一批创新成果。之江实验室神威量子模拟器获戈登·贝尔奖；湖畔实验室发布了全球最大的中文预训练语言模型PLUG；阿里云EB级大数据计算平台——MaxCompute2.0刷新6项世界纪录；蚂蚁链成功立项区块链隐私保护首个国际标准。[②]

[①②] 资料来自《浙江省数字基础设施发展报告（2021—2022年）》。

浙江省的信息基础设施建设奠定了数字化发展的坚实基础，为经济的转型升级和实现共同富裕提供了强大动力。

（三）人才储备

人才是第一资源，是数字经济蓬勃发展的关键要素。当前，全球各个国家和地区都将数字人才引进和培育作为发展数字经济的重要抓手。在此背景下，加快数字经济人才培育，是把握数字经济发展新机遇，提高产业变革新动能，构筑国家竞争新优势的必用之策，也是缩小数字鸿沟，促进共同富裕的必然选择。

《长三角地区数字经济与人才发展研究报告》显示，长三角地区对国内的数字人才具有非常明显的吸引力，其数字人才流入/流出比可达到1.35；其中，吸引力最大的城市是杭州，人才流入/流出比达到1.74（见图1-2）。

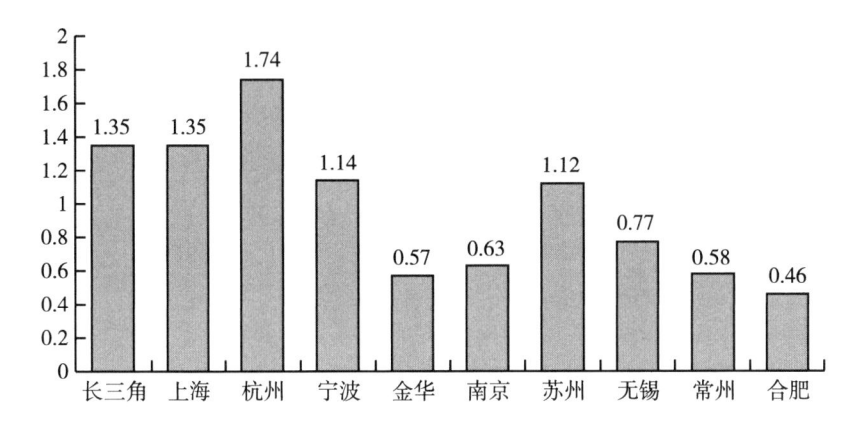

图1-2 长三角地区及部分城市数字人才的国内流入/流出比

资料来源：《长三角地区数字经济与人才发展研究报告》。

这说明浙江注重培养和引进相关人才，其数字经济的高质量发展，离不开数字人才的量质齐升。且浙江互联网人才净流入率多年来排在全国前三，11个区（市）人才净流入率均为正值，夯实了数字经济发展的基础。当前浙江已成为数字经济人才的首选地。为进一步吸纳和培养数字复合型人才，浙江省人力社保厅联合省委人才办等七部门印发了《数字经济创新提质"一号发展工程"高技能人才倍增行动方案》，从培育机制、评价体系、发展生态等方面提出18条政策措施。不得不承认，浙江的人才储备和人才引进计划为全省数字经济发展打造了一支强有力的保障队伍。

（四）产业基础

浙江数字经济核心产业发展强劲。近年来，浙江省制定出台了一系列政策措施，大力实施数字经济"一号工程"，数字经济核心产业保持良好发展势头，"十三五"期间年均增速达15.2%，截至2024年底，全省数字经济核心产业增加值突破1.1万亿元，占GDP比重达12.3%，电子信息制造业、软件业规模位列全国前列，电子商务、数字安防等细分领域具有国际竞争优势，云计算、大数据、人工智能、区块链等新兴领域形成了特色优势，一批龙头骨干企业引领发展；全省数字经济核心产业超千亿元企业增至2家、超百亿元企业达40家、上市企业突破150家；通义千问、DeepSeek大模型入围全球前十榜单，魔搭社区成为全球第二、全国最大的开源模型社区。数字经济核心产业形成的扎实基础将为浙江以数字赋能推动共同富裕提供有力支撑。[1][2]

二、浙江省数字化技术的应用

近年来，数字技术的飞速发展使资源配置更加高效，以5G、人工

---

[1] 浙江省数字基础设施发展"十四五"规划（2021-03-31）［EB/OL］．(2021-03-31)[2024-11-30]. https://jxt.zj.gov.cn/art/2021/3/31/art_1229123418_4630621.html.

[2] 浙江发布．浙江获批建设新一轮国家级试验区，接下来将这样干！［EB/OL］．(2025-03-18)[2025-05-12]. http://www.toutiao.com/article/7483141779020194344/?upstream_biz=doubao&source=m_redirect.

智能、大数据、物联网等为代表的新一代信息技术，已快速融入生产、分配、流通、消费各个方面，贯穿产业链、价值链、供应链各个环节，对生产力、生产关系和生产方式均产生深刻影响。比如，办事不用出家门，浙里民生"关键小事"智能速办应用集成出生"一件事"、入学"一件事"等50个高频服务事项。曾经，群众办理省内户口迁移需要往返迁入地、迁出地，跑4次。如今，群众只需跑1次户口迁入地派出所窗口就能办成，每年至少惠及全省15万办事群众，减少群众来回跑30余万次。[①] 看病不用多花钱，"浙医互认"应用率先在全省实现医学检验检查结果互认共享，免除群众重复检查检验的麻烦和费用，截至2022年，累计互认1573万项次，直接节省医疗费用6.8亿元[②]；吃饭不用有顾虑，"浙江外卖在线"应用从"阳光厨房"新鲜出炉，到快递小哥取件，再到外卖送上门，守护群众舌尖上的安全。

当然，数字化技术带来的改变不止于生活层面，在生产和社会治理领域同样成效斐然。"防汛防台在线"应用做到了风险具象化与快速预警，无论是"村子里该转移多少人、有多少人没转移，需要多少物资、缺口还有多少"，皆能一目了然。该应用在助力抗击"烟花""灿都"等台风硬仗时发挥关键作用，提供多方紧急协调，在2021年"烟花"台风期间，平台协助紧急调拨各类物资20.6万件，成功转移危险区域人员200万人。[③] 与此同时，国家聚焦绿色发展，于杭州搭建双碳平台，未来该平台也将致力于探索创新"森林资源管理＋碳汇产品供给＋碳资产配套服务"的全新运营模式，为推动"双碳"目标落地、助力绿色发展开拓新路径。

此外，面对企业数字化转型升级的需求，截至2022年，"产业一链

---

① 全心全意，踏"十"前行！"浙里办"上线10周年［EB/OL］.（2024-07-01）［2024-12-26］. https：//www.zj.gov.cn/art/2024/7/1/art_1229514439_60220700.html.

②③ 浙江宣传.浙江数字化改革到底带来了什么［EB/OL］.（2022-10-21）［2024-12-26］. https：//mp.weixin.qq.com/s/7bvQJoI1dnx5RUS-OUZsPg.

通"应用完成强链项目362个、补链项目1350个，跟踪招引重大产业项目78个；"科技攻关在线"应用2022年以来支撑取得进口替代成果175项，累计349项；"浙企智造在线"着眼优质服务供给，为近2万家企业提供数字化改造服务，推动企业平均生产成本降低19%。①

三、浙江省数字化发展的趋势

浙江省作为中国数字化发展的领跑者，不仅在过去取得了显著成就，还将持续不断地探索新的数字化前沿。

（一）新一代信息技术将走向成熟与应用阶段

新一代信息技术，作为全球研发投入最密集、创新最活跃的技术领域，正处于发展加速期。高级机器人、自动驾驶、3D打印、数字标识、生物识别、量子计算等跨领域的前沿技术实现诸多应用创新突破。大数据、人工智能、物联网、移动互联网、虚拟现实、区块链等新兴技术也逐步走向成熟，加快与制造、娱乐、金融等各领域的融合，数字技术的发展从整体演进、群体性突破进入深度应用的新阶段。回顾人类信息技术的发展历史，每一次技术突破都为经济产业带来重大变革。以5G为代表的新一代信息技术的突破和应用将带来直接产业的爆发式增长，并通过与社会各领域的广泛渗透融合，辐射带动多个相关产业发展，促进地区经济的整体繁荣。从数字技术、数字产业到数字经济，数字技术的经济引擎作用得到了更加清晰的认识，数字经济作为一种新经济形态，仍处于加速创新、深化融合的高速发展阶段，发展空间仍在持续拓展，浙江应抓住数字经济新一轮发展机遇，坚定不移地推进数字经济的高质量发展。

---

① 浙江日报. 以数字化改革驱动实现"两个先行"[EB/OL]. (2022-08-15)[2024-12-26]. https://baijiahao.baidu.com/s?id=1741180701563665877&wfr=spider&for=pc.

(二) 经济与社会数字化转型需求将不断升级

消费升级需求不断驱动数字经济的创新。从产品创新来看，企业不断发力，融入数字化技术的新型产品方兴未艾，如可穿戴设备、无人机、智能汽车等；从模式创新维度而言，企业基于数据打通产、销、用户等链条，催生出个性化定制和云制造等新模式，进而培育出大批新的经济增长点；就服务创新来讲，企业基于对产品和装备全生命周期的数据收集与管理，提供在线的、远程的增值服务，实现从制造向"制造+服务"的转型升级。在社会和民生服务领域，数字融合需求旺盛，电子政务、在线教育、互联网医疗等数字化、智能化社会服务将更加普及，它们打破时空桎梏，持续形成更具包容性的数字普惠。广袤的农村地区将成为数字经济发展的潜在市场。随着宽带互联网、移动互联网等数字基础设施的不断普及，城乡之间的"数字鸿沟"不断缩小，电子商务、非现金支付、数字理财、数字小额信贷等数字服务业态在农村和偏远地区兴起并普及。

(三) 数字化驱动可持续发展的创新路径

浙江省一直树牢"绿水青山就是金山银山"的理念，将走好数字化引领绿色化、绿色化推动数字化两条道路。（1）突出数字化引领绿色化，推动数字技术赋能绿色化转型。推进重点行业数字化改造，聚焦钢铁、石化、建材、电力、交通等重点行业，运用数字化技术手段，建设数字化平台，为行业绿色化转型提供全链条支撑，深挖绿色潜能。夯实数字基础设施绿色化转型，率先建设高速泛在、天地一体、云网融合、智能敏捷、绿色低碳、安全可控的智能化综合性数字基础设施，支撑各行业绿色发展。（2）突出绿色化推动数字化，带动数字产业绿色低碳发展。加快数字基础设施绿色化转型，率先实现数据中心节能降碳。提升基站设施绿色化运行，鼓励建设太阳能基站、风能基站、光电互补基站等。加强电子信息产品绿色设计和制造，大力提高芯片、整机、终端等电子信息产品低功耗设计水平。

第三节　数字赋能推动共同富裕的机遇与挑战

一、数字赋能推动共同富裕的机遇

习近平总书记指出，"在我国社会主义制度下，既要不断解放和发展社会生产力，不断创造和积累社会财富，又要防止两极分化"[①]。实现共同富裕，迫切需要解决发展不平衡不充分的问题。数字经济是既兼具创造财富和共享财富属性，又能够促进公平与效率更加统一的新经济形态，高度契合共同富裕的目标要求。面向未来，站在统筹中华民族伟大复兴战略全局和世界百年未有之大变局的高度，需要以数字经济赋能共同富裕，在实现"做强做优做大数字经济"的过程中推动实现"共同富裕取得实质性进展"这一目标。

首先，数字赋能能够发挥正外部效应，促进生产力发展，加速社会财富的创造与积累，做大共同富裕的"蛋糕"。步入数字经济时代，数据成为新的生产资料和关键生产要素。围绕从数据资源转化到数据要素变现的全过程，数据要素通过充分连接各项经济活动，推动土地、资本、劳动力等传统要素发生深刻变革与优化重组，最终提高资源配置效率和全要素生产率。数字经济通过产业数字化、数字产业化等方式推动数字经济和实体经济深度融合，注重发展周期短、速度快的新经济新模式新业态，能够形成一定的范围经济和规模经济，从而在消费、投资、制造

---

① 习近平谈治国理政（第四卷）[M].北京：外文出版社，2022：209.

和外贸等多方面对经济发展产生放大、叠加、倍增的作用。中国信息通信研究院发布的《中国数字经济发展研究报告（2024年）》显示，2023年中国数字经济规模升至53.9万亿元，同比增长3.7万亿元，占GDP比重达42.8%，增速高于同期GDP名义增速2.76个百分点，对GDP增长贡献率达66.45%；第一、第二、第三产业数字经济渗透率分别为10.78%、25.03%、45.63%，较上年均有提升。由国家数据局发布《数字中国发展报告（2023年）》可知，数字经济核心产业增加值超12万亿元，占GDP比重约为10%。由此可见，数字经济已成中国经济增长新引擎，赋能传统产业，助力宏观经济稳增长。

其次，数字赋能能够促进区域发展协同化、资源共享化、公共服务均等化，为发展成果提供有效的共享机制，进一步实现分好"蛋糕"的目标。"全体人民共同富裕是一个总体概念"[①]。从建设国内统一大市场来看，数字经济的协同效应在于减少市场分割并促进市场一体化，将中西部地区的低成本资源优势与东部地区的技术、市场和产业优势相结合，增强区域间经济活动关联的广度和深度。我国的数字产业化、产业数字化进程正由东部地区向中西部地区扩展，凭借数字经济无边界渗透的特点，形成多样态的"带飞"模式，可以促进先富地区带动后富地区，提高整体发展的平衡性、协调性、包容性。数字经济加速向农村地区渗透，带动农村数字化转型发展，为建立工农互促、城乡互补、协调发展、共同繁荣的新型工农城乡关系提供了新动力和新路径。并且，包容性的数字技术与普惠性的数字平台具有信息和知识的溢出效应，有利于提升劳动者个人发展能力，在人人都有参与机会、人人的发展能力均有所提高的基础之上，提高人们在经济活动中的技能和贡献。数字经济通过发挥信息流动快、准入门槛低、创业成本低

[①] 习近平谈治国理政（第四卷）[M]. 北京：外文出版社，2022：146.

以及创新要素精准匹配等优势，能够营造良好创业创新生态，增加就业岗位和形态，鼓励社会个体参与经济发展，提高初次分配效率。数字技术嵌入政府公共服务，可以提高政府在税收、社会救助、转移支付等方面的调节力度和效能。网络化、数字化、智慧化的便民服务体系的完善，惠及偏远地区、弱势群体，可以弥补优质公共服务的供给不足、分布不平衡等问题，进而保障再分配的公平。数字化工具丰富了群众寻求帮助的途径，可以提高公益慈善援助的效率，助力发挥好第三次分配的作用。

最后，数字赋能能够发挥创新效应，形成可持续的绿色生产力。数字经济有明显的绿色发展特征，有助于经济发展遵循生态发展规律，促进实现协调发展，未来应进一步以数字经济赋能实现经济生态化、生态经济化，积极培育绿色数字产业新生态，拓宽"绿水青山就是金山银山"的转化通道。

二、数字赋能推动共同富裕的挑战

当然，数字经济的发展也带来了一系列的负面问题，引发了数字经济到底能否促进共同富裕的探讨。我们发现，在数字经济发展初期，部分国家存在数字经济发展与收入分配差距的正向关系，即收入分配差距随着数字经济发展而上升。而针对中国城乡收入差距的研究发现，在一定阶段内发展数字经济与城乡收入差距之间存在负向关系，即发展数字经济能有效缩小城乡收入差距，但随着数字经济不断发展成熟，二者关系可能转变为正向关系，呈现出 U 型非线性影响。也有研究认为数字经济发展符合"库茨涅兹曲线"，与收入差距存在倒 U 型关系（李晓慧，李谷成，2024）。

故而，数字经济赋能共同富裕建设过程中也可能会引发对就业结构的冲击、数字鸿沟、区域发展差距扩大等负面作用。对于不同的发展阶段、国家地区、居民群体，这种负面效应的强度有所不同。当负面作用强于正面效果时，共同富裕建设进程反而会因此受到阻碍和偏离。虽然关于数字经济作用于共同富裕的具体效果存在一定的争议，但是数字经济发展对于共同富裕建设存在一定的负面影响是一致认同的。基于数字经济和数字技术高技能的特性，这种负面作用主要表现在以下方面：

一是对劳动力市场和就业结构带来一定冲击。拥有知识和高技能的群体因此受到更多益处，贫困人口、低技能群体可能面临就业困难，不同群体间要素使用能力差异导致新的收入差距。新业态模式产生的新就业岗位和职业面临权益保障不足的现状，从业人员工资收入和福利分享权益受到一定侵害。

二是存在数字鸿沟。数字鸿沟分为可接入鸿沟、使用鸿沟和知识鸿沟。随着基础设施建设布局的不断推进，中国可接入鸿沟得到很大程度地缩减，为数字鸿沟持续缩小奠定了基础。但是不同年龄、城乡、区域的人群使用能力和利用程度仍存有较大差异，可能产生新的贫富差距。

三是可能扩大区域发展差距。中国数字经济和相关产业在空间分布上呈现出区域不平衡的特点。在数字经济发展早期，发达地区会享受更多的发展红利，相对落后地区更需要借助政策扶持和路径设计以推进区域数字经济和经济发展，逐步缩小区域发展差距。

那么面对上述种种挑战，我们应当如何强化其正面效果呢？本书认为需要通过顶层设计和路径规划达到做大"蛋糕"并分好"蛋糕"的最终目标。数字经济赋能共同富裕建设的作用机理如图1-3所示。具体而言，一方面，互联网等新兴数字技术能够有效创造同时具备规模经济和范围经济的经济发展环境，以实现更高效的供需匹配，完善现有的市场价格机制，发挥数字经济长尾效应，达到经济结构优化和发展均衡的效果；另一方面，随着数据等新要素的投入，新的资源配置效率和全要素生产率由此产生，使得"边际效应"非线性递增，激发出大众创业和有效满足细分市场需求的新业态新模式，有效推动了经济高质量发展。数字经济呈现的空间溢出和辐射的特点，对于共同富裕建设、推动宏观经济一般性增长、区域和城乡均衡性增长具有重要意义。

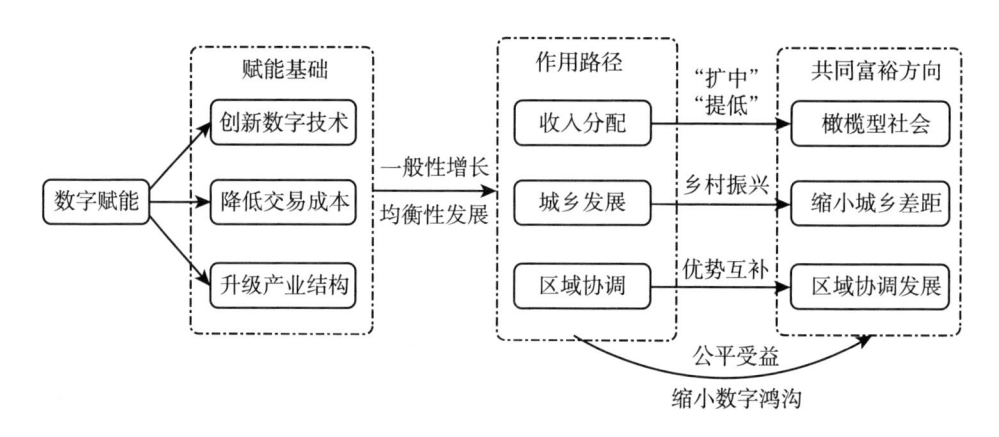

图1-3 数字经济赋能共同富裕建设的作用机理

第四节 数字赋能推动共同富裕的浙江模式与实践

一、数字赋能推动"扩中""提低"建设的路径与实践

党的二十大报告提出，增进民生福祉，提高人民生活品质，重要路径就是"增加低收入者收入，扩大中等收入群体"。高质量发展建设共同富裕示范区，浙江的重大使命之一是要率先基本形成以中等收入群体为主体的"橄榄型社会"结构。其中一项牵引性变革正是"扩中""提低"。

2022年初，浙江发布了《浙江省"扩中""提低"行动方案》，确定了"扩中""提低"的基本原则、主要目标、实施路径等方案，明确了"扩中""提低"的八大路径、九类群体的"8+9"工作矩阵。其中，这个"9"是浙江为"扩中""提低"精准施策划定的9类重点群体，而其中第一类就是技术工人。在产业经济相对发达的浙江，技术工人是构建共同富裕"橄榄型社会"的主力军，也是扩大中等收入群体的重点。当前，浙江省全面推进数字化改革战略任务，创新性地运用大数据、人工智能等数字技术对全省9大重点群体的特征进行数字画像，以精准识别"扩中提低"目标对象。

数据库建设助力群体画像生成，进一步推动精准帮扶。浙江省统计局不仅构建了"全面覆盖+精准画像"群体结构数据库，还打造了"大脑+应用"为基本型的全省统计局系统数字化改革体系架构，打造共同富裕统计监测、碳排放智能统计核算、浙江民调在线等10个重大应用；嘉善县打造共富监测"嘉善路径"；台州市"瓜农天下"试点以及"中等收入群体分类评估"试点，"以点带面"助力"共富图"系统架构建设；嵊泗县特色应用"一本账"聚焦"民宿主"这一共同富裕特色群体，以构建民宿主精准画像为核心业务，准确分析民宿主收入结构，科学识别"扩中""提低"对象。群体画像精准帮扶科技型小微企业、困难群体、低收入农民、失业人员、新就业形态从业人员，对于群众遇到的实际困难，给予及时响应和帮扶，减少基层服务的滞后性和出错率。为企业建立数字经济系统，实现企业服务全流程数字化变革，为从业个人实现信息建档和精准定位。

二、数字赋能推动中小企业发展的路径与实践

中小微企业逐渐成为促进经济发展的重要力量，这些企业的成长不仅有利于提高经济质量，也有利于推动经济结构的优化和升级。市场主体强，浙江经济才能强起来，浙江老百姓才能富起来。因此，必须高度重视中小微企业的发展，不断完善政策措施，为其提供更加优质的营商环境和发展条件，以此推动浙江省经济实现高质量发展。

目前大多数企业正处于从信息化管理向数字化运营进阶的过程中，缺乏系统性规划，在企业内部形成了"信息孤岛"，因此，数字化转型已成为中小企业高质量发展的必然趋势。为了促进中小微企业的健康发展，浙江省政府采取了一系列政策措施，包括财政支持、税收优惠、金融扶持、技术扶持等方面。提出中小企业"七化战略"，引导中小企业往"专精特新"方向发展。

企业应根据自身特征和发展需求制定数字化发展战略规划，通过树立强烈的数字化意识、有效建设信息、实现高效管理、优化客户服务体验、加强产业协同和合作以及培养专业的人才队伍，更好地适应数字化时代的发展要求，提升竞争力并实现可持续发展。

浙江省积极探索数字化平台，运用大数据、云计算等技术手段，提升中小企业协同能力。例如，杭州某科技有限公司自主研发的3D柔性体仿真引擎采用GPU进行仿真引擎开发，解决了算力不足的问题，降低了企业硬件成本；宁波某科技有限公司基于自主研发的Neural－MOS智能生产操作系统，推出了基于Neural－MOS的模具工业互联网平台。

三、数字赋能推动文化产业繁荣的路径与实践

我国高度重视文旅产业数字化发展，《"十四五"旅游业发展规划》明确提出，加快推进以数字化、网络化、智能化为特征的智慧旅游，深化"互联网＋旅游"，扩大新技术场景应用。

文旅产业融合是数字化时代发展的必然趋势，也是实现经济高质量发展的关键举措。文旅数字化为文旅产业带来了四大优势：广泛分享珍贵文物和资源；高效交互提升服务体验和商业机会；提供有质感的创新体验；以及通过多渠道信息让旅游更便捷。这些优势一同扩大了文旅产业的影响力和吸引力，并丰富了其宣传和推广途径。在建设数字化文旅

平台、酒店住宿、展馆、图书馆、文化艺术平台等方面进行了积极探索并取得了相应成效。

数字文旅逐渐成为推动乡村文化产业振兴的重要力量，促进乡村经济发展，共创乡村文化的经济价值、品牌价值和发展价值。加强乡村文旅数字化基础设施建设，加快乡村文化资源向数字化转换，是推动乡村文旅产业升级的关键步骤。在此过程中，需要健全数字乡村文旅产品体系，以拓展数字文旅产品的营销和传播渠道，吸引更多游客前来体验乡村文化。同时，完善乡村文旅融合数字化治理机制，保护和传承乡村文化，推动乡村文旅产业的可持续发展。为了激发农民的积极性和创造力，需要重塑乡村振兴农民主体意识，教育和宣传等手段可以为此提供支持。

在浙江省的文旅数字化进程中，更是涌现出了一批经典案例，例如，杭州鸬鸟镇，建设了包括三大模块（数智乡村、数智治理、数智旅游）在内的"数字鸬鸟"项目；丽水市文广旅体局紧随数字化改革的浪潮，升级打造了"丽水山路"自驾游公共服务协同应用平台；宁波象山石浦古城——文旅元宇宙，以象山石浦渔港古城在地文化和建筑风貌为特色，打造了独一无二的滨海文旅IP"渔光之城"。

四、数字赋能推动"两山"转化实现的路径与实践

浙江数字赋能推动"两山"转化实现，主要是通过数字技术的运用，促进生态资源的数字化转型，优化生态资源的配置，提高生态资源的利用效率，从而实现"绿水青山就是金山银山"的转化。

首先，浙江通过数字技术对生态资源进行精细化、智能化管理，实现了对生态资源的全面监测、评估和定价。这不仅提高了生态资源的保护和管埋水平，也为生态资源的开发利用提供了更加准确、及时的信息支持。其次，浙江通过数字平台的建设，实现了生态资源的在线交易、

共享和协作。例如，通过互联网、物联网等技术，构建了线上线下相结合的生态资源共享平台，促进了生态资源的优化配置和高效利用。此外，浙江还通过数字创新推动生态经济的转型升级。利用大数据、人工智能等技术，开发出更加智能化、高效化的生态产品和服务，培育了新的生态经济增长点。

数字赋能推动"两山"转化，通过精准对接、精准核算和绿色金融更好地推动探索政府主导、企业和社会各界参与、市场化运作、可持续的生态产品价值实现路径。浙江省内安吉县尤为突出，从横溪坞村私人碳汇生态产品价值实现、大里村准公共碳汇生态产品价值实现、姚村纯公共碳汇生态产品价值实现等案例都可以清晰地看出浙江运用数字赋能推动"两山"转化的决心。这些已有的成功探索经验可供其他省市汲取借鉴。

五、数字赋能推动共同富裕的保障机制与支持体系

从高质量发展、协调发展、普惠共享和改革创新的角度出发建立以数字化发展推动共同富裕的保障机制，为实施数字赋能共同富裕的政策保障和支持机制提供理论支撑和实践指导，保障以数字化发展促进共同富裕，不仅有助于做大共同富裕的"蛋糕"，还能帮助分好共同富裕的"蛋糕"。

作为数字经济的先行地，浙江省数字乡村建设一直走在全国前列。浙江以数字化改革为牵引，加快推动数字乡村高质量发展，赋能乡村全面振兴和农业农村现代化先行，为实施数字赋能共同富裕提供成功的案例典范。例如，安吉县通过数字化技术实现白茶产业的智能化、精准化、高效化发展，带动了农民增收和地方经济发展；浙江省杭州市萧山区瓜沥镇梅林村运用科技赋能让梅林村的公共服务、社会治理、产业经济等方面实现了数字化转型，提高了村民的生活质量和幸福感；桐庐县以数

字化手段赋能基层社会治理,实现了社会生态的优化;长兴县通过数字化技术赋能河湖长制,保护了水资源和维护了生态平衡。

为了推动数字赋能在共同富裕中的深入发展,浙江省政府采取了一系列保障措施。浙江省政府加强政策引导和资金支持,推进城乡一体化发展,完善社会保障制度,强化企业社会责任,提高全民数字素养和能力,并加强国际合作与交流。这些措施旨在创造一个良好的政策环境和社会经济条件,以促进数字经济的发展和共同富裕的实现。

第二章

数字赋能推动"扩中""提低"建设的路径与实践

共同富裕是社会主义的本质要求,是中国式现代化的重要特征。高质量建设共同富裕示范区是一场深刻的社会变革,其目标是形成以中等收入群体为主体的橄榄型社会结构。在这场变革中,习近平总书记强调,要抓住重点、精准施策,推动更多低收入人群迈入中等收入行列。"扩中""提低"的难点在于精准识别对象群体、靶向施策。数字技术通过精确识别不同群体需求和特征,实现精准识别、精准激励、精准监测和精准施策。通过数字赋能有助于构建数字治理体系、打造共建共治共享的新格局,进而大大提升人民群众的幸福感。本章着重探讨浙江省数字赋能助力破解"扩中""提低"困局的有效路径和实践经验。

第一节 "扩中""提低"牵引共同富裕变革

实现共同富裕的关键在于解决经济社会发展过程中的不平衡和不充分问题,它涉及收入、财产、公共服务以及社会保障等多个领域。收入分配制度是迫切需要改革的领域,尤其是构建中央提出的基础性收入分配制度。"扩中""提低"无疑是解决这一问题的有效途径。

一、"扩中""提低"牵引收入分配制度改革

分配制度是促进共同富裕的基础性制度。党的二十大报告指出,坚

持按劳分配为主体、多种分配方式并存,构建初次分配、再分配、第三次分配协调配套的制度体系。这一重要部署对于正确处理效率与公平的关系,在发展的基础上不断增进人民福祉,逐步缩小收入差距,进而缩小地区差距、城乡差距具有重要意义。

(一) 收入分配制度概念

收入分配制度包括初次分配、再分配和三次分配三个层次,在实现共同富裕的进程中起着关键性作用。初次分配指的是市场机制下的收入分配,通常称为"第一次分配"。再分配则是政府通过调控来进行分配,被称为"第二次分配"。第三次分配概念最早由我国经济学家厉以宁提出,他强调"除了前两次收入分配之外,还存在第三次分配,即基于道德信念的收入分配"(厉以宁,1994)。初次分配受市场主导,再分配由政府主导,而第三次分配则可视为社会的第三支力量,用以处理那些市场无法解决和政府无法涉足的事务。

(二) 收入分配制度演进阶段的相关政策

改革开放以来,我国进行了多次分配制度改革,制定了一系列政策文件,其中主要的政策文件如表2-1所示。

表2-1　改革开放以来收入分配制度演进阶段的相关政策

时间	相关会议与报告	相关内容
1978年	党的十一届三中全会	"认真执行按劳分配的社会主义原则,按照劳动的数量和质量计算报酬,克服平均主义"
1987年	党的十三大报告	"在促进效率提高的前提下体现社会公平"
1993年	党的十四届三中全会公报	"建立以按劳分配为主体、效率优先、兼顾公平的收入分配制度,鼓励一部分地区一部分人先富起来,走共同富裕的道路;建立多层次的社会保障制度,为城乡居民提供同我国国情相适应的社会保障"

续表

时间	相关会议与报告	相关内容
2007年	党的十七大报告	"初次分配和再分配都要处理好效率和公平的关系，再分配更加注重公平"
2012年	党的十八大报告	"提高居民收入在国民收入分配中的比重，提高劳动报酬在初次分配中的比重。初次分配和再分配都要兼顾效率和公平，再分配更加注重公平"
2017年	党的十九大报告	"坚持在经济增长的同时实现居民收入同步增长、在劳动生产率提高的同时实现劳动报酬同步提高"
2020年	党的十九届五中全会	实现"全体人民共同富裕取得更为明显的实质性进展""探索通过土地、资本等要素使用权、收益权增加中低收入群体要素收入……完善再分配机制，加大税收、社保、转移支付等调节力度和精准性""发挥第三次分配作用，发展慈善事业，改善收入和财富分配格局"
2021年	中央财经委员会第十次会议	"在高质量发展中促进共同富裕，正确处理效率和公平的关系，构建初次分配、再分配、三次分配协调配套的基础性制度安排"

根据政策文本的表述和收入分配制度的政策导向，可以将改革开放以来的收入分配制度划分为四个历史发展阶段。

1. 克服平均主义（1978~1992年）

1978年，党的十一届三中全会提出了"认真执行按劳分配的社会主义原则，按照劳动的数量和质量计算报酬，克服平均主义"的政策。1987年，党的十三大报告则提出了"在促进效率提高的前提下体现社会公平"的政策导向，扭转了劳动者生产积极性较低，经济发展进展较慢的局面。

2. 效率优先，兼顾公平（1993~2011年）

1993年，党的十四届三中全会提出"建立以按劳分配为主体，效率优先、兼顾公平的收入分配制度，鼓励一部分地区一部分人先富起来，走共同富裕的道路；建立多层次的社会保障制度，为城乡居民提供同我国国情相适应的社会保障"。2007年，党的十七大报告提出"初次分配和再分配都要处理好效率和公平的关系，再分配更加注重公平"，确定了"效率优先、兼顾公平"的基本原则，以促进经济发展。

3. 兼顾效率和公平，更加重视公平（2012~2019年）

2012年，党的十八大报告提出"提高居民收入在国民收入分配中的比重，提高劳动报酬在初次分配中的比重。初次分配和再分配都要兼顾效率和公平，再分配更加注重公平"。2017年，党的十九大报告提出"坚持在经济增长的同时实现居民收入同步增长、在劳动生产率提高的同时实现劳动报酬同步提高"。这一时期的特点是，加强改善低收入群体力度，尤其是通过"精准扶贫"政策的实施，降低了贫困率，有效遏制了不平等程度扩大的趋势。

4. 促进共同富裕（2020年至今）

2020年，党的十九届五中全会提出了"实现全体人民共同富裕取得更为显著的实质性进展"的目标，强调要通过探索土地、资本等要素使用权和收益权的增加，以促进中低收入群体的要素收入，完善再分配机制，加强税收、社保、转移支付等调节力度和精准性，同时发挥第三次分配的作用，推动慈善事业的发展，以改善收入和财富分配格局。2021年，中央财经委员会第十次会议提出，要在高质量发展的进程中促进共同富裕，正确处理效率和公平的关系，建立初次分配、再分配、三次分配的协调配套基础性制度安排。

（三）浙江省收入分配差距的现状与问题

近年来，浙江省分配制度不断完善，城乡居民收入持续提高，居民收入分配差距不断缩小。分析国家统计局和浙江省统计局公布的数据可知，2024年浙江省城乡居民可支配收入分别为78251元和42786元，比2024年全国平均水平分别高出24063元和19667元。2024年浙江城乡居民收入比为1.83，比上年缩小0.03，连续12年呈缩小态势，低于全国(2.34)，收入分配格局不断优化。在"提低"方面，2024年，浙江省低收入农户人均可支配收入23830元，比上年增长11.15%，其中，山区海岛县低收入农户人均可支配收入22021元，增长11.5%，增速比全省低收入农户平均水平高0.4个百分点。

目前，浙江省在推进分配制度改革中仍然存在如下问题（孙豪、曹肖烨，2022）：

（1）在初次分配阶段，公平问题仍然存在。例如，垄断市场结构导致工资分配不均衡，不同领域之间存在显著的薪酬差异；就业歧视、身份歧视和性别歧视等问题时有发生，削弱了初次分配的竞争性和公平性，加大了不同群体之间的收入差距；资本市场的垄断和信息不对称影响了家庭财产配置以及不同类型资本的回报和发展机会；土地制度和土地市场不完善影响了农村土地的利润回报等。

（2）在收入再分配环节，税收调节不够合理。相较于发达国家，我国的个人所得税平均税率较低，使得个人所得税在调整收入分配方面的效果有限；我国的间接税制度具有累退性质，加剧了城乡之间的不平等，但减少了城乡内部不平等；劳动要素的收入份额有所下降，资本要素的收入份额则有所增加；税收政策通过收入效应和替代效应调整收入分配，但对劳动要素的个人所得税和营业税减免对劳动要素的份额产生了不利影响。此外，高收入群体相对于低收入群体来说，其避税能力明显较高，降低了税收再分配的效力。

（3）在三次分配方面，第三次分配份额相对不足。尽管第三次分配在整体分配中所占比例相对较小，但在整个分配制度中扮演着重要角色。从捐赠款、福利彩票、志愿服务、社会组织和社会工作者五个方面计算，

2021年浙江省第三次分配总额约为340亿元，占整体分配的比例仅为0.7%。

（四）"扩中""提低"缩小收入分配差距的实现路径

党的二十大报告明确指出，增进民生福祉，提高人民生活品质，重要路径是"增加低收入者收入，扩大中等收入群体"。收入分配制度改革是实现"增加低收入者收入，扩大中等收入群体"的重要手段。收入分配制度改革的具体路径如下（李实，2022）：

（1）在初次分配方面，建立一个更加完善的生产要素市场。2020年3月，我国发布《关于构建更加完善的要素市场化配置体制机制的意见》，明确提出要深化要素市场化配置改革，促进要素的自主有序流动，提高要素配置的效率，以进一步激发全社会的创造力和市场活力。这就需要政府建立公平、法治和安全的体制环境，防止市场失灵引发收入分配扭曲。对此，政府应加强产权明晰、反垄断力度和市场竞争的规范，把保障和促进就业作为"扩中""提低"的根本前提，进一步实施就业优先战略和更加积极的就业政策，健全促就业机制，持续优化就业结构，扩大就业规模，推动居民劳动性收入较快增长。第一，必须建立健全工资制度，坚持多劳多得，着重保护劳动所得，增加劳动者特别是一线劳动者劳动报酬。第二，大力开展以县乡为单位的劳动力余缺调剂，支持困难地区特别是山区26县务工人员依托产业平台、山海协作"飞地"实现跨地区流动就业。第三，健全统一规范的人力资源市场体系，率先消除户籍、地域、身份、性别等影响平等就业的制度障碍，推动城乡劳动者在就业地同等享受就业服务和政策。第四，加快提升劳动者技能素质，发展现代职业教育，健全终身职业技能培训制度。第五，完善企业薪酬调查和信息发布制度，健全劳动者工资决定、合理增长和支付保障机制，健全最低工资标准调整机制。

（2）在二次分配方面，增强税收的调节功能。第一，创新完善省对市县财政转移支付制度，加大省对市县财政转移支付等调节力度和精准性，探索深化收入激励奖补、分类分档财政转移支付等方面的改革。第二，持续健全生态补偿机制，完善山区26县发展实绩考核奖励机制，加大对民族地区、革命老区、海岛地区的财力支持。第三，持续推进个人所得税改革。目前，个人所得税主要针对工资收入，但许多高收入人群的收入并非来自工资，从而存在规避个人所得税的现象。因此，必须确保个人所得税适用于所有高收入人群，而不仅仅是工薪收入者。例如，全面落实个人所得税专项附加扣除、扩大中低档税率覆盖面等税收支持政策，优化完善政策红利直达市场主体。另一项改革措施是确保个人所得税能够调整针对"过高收入"。第四，改革社保缴费制度。目前的社保缴费制度基本上是累退性的，导致高收入人群缴纳的社保费占其收入比例较低，而低收入人群缴纳的社保费占比较高，必须改革社保缴费制度，使其更具累进性，以缩小老年人的收入差距。此外，还需加大民生支出财政保障力度，进一步增强社会救助、社会保险、社会福利等方面的支出。例如，完善公平可持续的社会保障体系，加快实现法定人员全覆盖，建立统一的社保公共服务平台，实现社保事项便捷"一网通办"。健全多层次、多支柱、可持续的养老保险体系，适时调整各项制度参数和缴费费率，健全参保缴费激励约束机制，持续提高城乡居民基本养老金水平。推动基本医疗保险、失业保险、工伤保险省级统筹，健全大病、慢性病医疗保险制度，积极发展商业健康保险，健全防止因病致贫、因病返贫的长效机制。

（3）在三次分配方面，制定激励相容政策框架。三次分配作为初次分配和再分配的有益补充，在促进共同富裕进程中发挥着重要作用。为此，必须建立健全激励相容机制。例如，为慈善机构提供税收优惠和减免，简化慈善捐赠程序，以确保捐款的领域和经费使用的透明度；培养社会慈善机构，鼓励志愿服务，以促进社会上普遍参与公益事业和高收入人群积极从事慈善活动的社会氛围；全面打造"善行浙江"金名片，完善有利于慈善组织持续健康发展的体制机制，鼓励引导高收入群体和企业家向上向善、关爱社会；完善慈善褒奖制度，落实好慈善事业相关税收优惠政策，实现慈善组织完成登记和认定同步取得公益性捐赠票据；大力发展慈善信托，积极探索培育股权、不动产等非资金慈善信托，争取国家支持探索公益慈善组织设立信托专户，对慈善信托给予政策支持。

二、"扩中""提低"牵引城乡协调发展

城乡协调发展是实现共同富裕的内在要求，目标不是消灭城乡差别，而是改善城乡结构和功能，协调城乡利益再分配，实现城乡生产要素合理配置和城乡经济的持续协调发展。当前，我国发展不平衡不充分问题主要表现为城乡发展不平衡和农村发展不充分。推进城乡协调发展，逐步缩小城乡差距，实现城乡居民收入均衡化、基本公共服务均等化和生活质量等值化，既是共同富裕的内在要求，也是形成强大国内市场、构建新发展格局的重要基础。

（一）我国城乡协调发展现状及问题

改革开放以来，中国城乡发展取得了显著成果，但城乡发展仍面临多方面的挑战。具体如下：

（1）城乡基础设施建设投入不均衡，导致农村的现代化水平较低。首先，农业产业的规模虽然相对较大，但精细化程度不足，相关的配套设施和服务系统不够健全，与现代化农业产业的要求存在显著不符。此外，我国农业科技创新进展相对较慢，农业科技成果的应用率相对较低，技术研究与实际生产之间存在明显的脱节，这使得通过信息技术难以有效提升农业生产水平。其次，当前我国的农村基础设施建设

的投入与农村现代化的需求相比还存在明显差距。另外，城乡基础设施建设投入不平衡，各级政府对农村基础设施的投入仍然显著低于城市地区。农村基础设施建设的轻视和管理不善，缺乏完善的管理标准和培训机制。

（2）农村要素市场化水平相对滞后，城乡产业融合度较低。其一，因为农村采用集体土地所有制，土地的流转受到更多的限制，其权利和规划能力相对较低，所以集体经营性资产被闲置，宅基地和承包地等资源未能被充分有效利用，土地市场发展滞后，流动性较差。而城市土地由国家所有，受到限制相对较少，造成城乡土地要素的供需配对存在明显的不协调。其二，从劳动力角度看，2021年的中国统计年鉴显示，截至2020年，农村就业人口约为2.88亿人，仅占城镇就业人口的60%。长期以来，城市对农村劳动力的吸引力明显，导致农村劳动力向城市单向流动，从而降低了农村劳动力的整体素质。其三，在要素配置方面，城乡要素市场在空间配置和流通方面效率不高。加上农村基础设施建设的相对滞后和公共产品供给机制尚未充分健全，农村地区的要素资源配置存在不平衡和不协调的情况。相较于城市，市场机制建设不够完善，这导致农村产业的质量和效益相对较低，竞争力不够强，难以吸引资本要素的流入。

（3）城乡民生服务供给不协调，存在短板问题。当前我国城乡基本公共服务供给在质量和数量上仍存在不平衡。首先，城乡基础教育的发展不平衡主要表现在教育经费支出和教育配套设施方面。农村地区的人均教育经费支出普遍低于城市，全国教育投入仍未达到统一标准。其次，城乡基本医疗卫生服务资源配置虽然在逐步改善，但城市居民的平均医疗保健支出明显高于农村居民。根据国家统计局的数据，2022年农村居民的人均医疗保健支出为1632元，城镇居民的人均医疗保健支出为2481元，存在显著差距。最后，在社会保障和社会救济等方面我国农村地区明显滞后于城市，社会保障体系亟待进一步完善。我国的《2022年度人力资源和社会保障事业发展统计公报》显示，2022年，我国城乡居民社会养老保险的收入为5609亿元，基金支出为4044亿元，结余为12962亿元。然而，这仅分别等同于城镇职工基本养老保险的8.9%、6.9%和22.8%，远远低于城镇职工养老保险收入；此外，农村居民最低生活保障的受益人数达到3349.6万人，是城市的4.9倍之多，农村贫困人口远高于城市人口。

(二) 浙江省城乡协调发展现状与问题

1. 浙江省城乡协调发展现状

近年来，浙江坚持城市带动农村、工业促进农业、城乡一体发展，取得显著成效。浙江省城乡风貌逐步提升，居民收入分配格局持续改善，基本公共服务水平不断提升，居民生活质量稳步提高。

（1）浙江省城乡居民收入逐渐均衡化。浙江省持续推进城乡融合发展，居民收入均衡化水平持续向好。浙江省统计局公布的数据显示，2024年，浙江城镇居民人均可支配收入78251元，比上年增长4.3%；与此同时，农村居民收入增速更为突出，农村居民人均可支配收入为42786元，比上年增长6.1%；特别值得注意的是，2024年，浙江城乡居民收入比为1.83，比上年缩小0.03个百分点。这一关键指标自2012年的2.37持续下行，12年间累计下降0.54，充分体现了城乡收入差距收窄的长期趋势，展现出共同富裕示范区建设的显著成效。

（2）浙江省城乡公共服务逐渐均等化。2021年，浙江基本公共服务均等化实现度超98%，城乡教育、医疗卫生、基本生活保障等方面的均等化水平走在全国前列。2021年底，浙江省城乡教共体结对学校累计达3685所，实现乡村学校教共体全覆盖和城镇公办学校

80%覆盖率。[①] 2021年浙江全省72个县（市、区）1160家卫生院、200家县级医院组建成162家医共体；乡镇卫生院中，99.7%的开设夜间急诊，98.2%的开展门诊小手术，72.8%的提供住院服务。全省最低生活保障人均标准从2012年的农村每人每月350元、城镇每人每月447元，提高到2022年6月城乡同标每人每月949元，同时，全省15.2万人纳入低保边缘救助，50个县（市、区）低保边缘救助标准提高至低保标准的2倍。[②]

（3）浙江省城乡基础设施条件持续均衡化。目前，浙江省已全面实现陆域"县县通高速"，浙江省通公路的村占比超99.9%，具备条件200人以上自然村公路通达率达到100%，农村公路优良中等路比例达83.96%，村内主要道路为水泥和柏油路面的比重为99.0%；客运班车"村村通"成果持续巩固，行政村通客车全覆盖。城乡供水一体化和区域供水规模化有效推进，农村饮用水达标人口覆盖率超95%，水质达标92%以上，基本实现城乡居民同质饮水。[③] 2022年，浙江省数字乡村发展水平达68.3%，远高于全国平均水平（39.1%），连续4年位居全国首位；农产品网络销售额占比达42.1%，居全国第一；全省县均社会资本投入约2.88亿元，乡村人均社会资本投入1108元，数据远超其他省份。[④]

2. 浙江省城乡协调发展中存在的不足

然而，与发达经济体相比，浙江仍然面临一些不足之处，尤其在共同富裕示范区建设目标方面（王瑜，2023）。

[①] 资料来自浙江省教育厅2022年6月发布的《浙江全省域推动城乡教共体建设 促进义务教育优质均衡发展》。
[②] 资料来自2022年8月的《浙江省卫生健康委关于省十三届人大六次会议台16号建议的答复》。
[③] 资料来自浙江省统计局2022年5月发布的《浙江省第十四次党代会以来经济社会发展成就之乡村振兴篇》。
[④] 资料来自农业农村部信息中心牵头编制的《中国数字乡村发展报告（2022年）》。

（1）浙江的城乡居民收入差距依然较大。根据国际劳工统计数据，发达经济体的城乡居民收入差距一般小于1.6。例如，日本自20世纪70年代中期以来，城乡居民人均可支配收入之比已降至1.0以下，美国、荷兰、丹麦、法国等欧洲发达国家的农民平均收入也高于我国平均水平。而浙江省的城乡居民收入倍差2024年为1.83，远高于发达经济体。

（2）浙江城乡居民收入倍差不平衡。浙西南地区的经济发展相对滞后，城乡收入差距明显高于东北部，面临着地区发展和城乡协调的双重挑战。地区内部城乡居民收入也差异较大，国家统计局发布的数据显示，温州、金华、衢州、台州、丽水等地市的城乡收入差距明显高于浙江省其他地市，其中温州、丽水和金华的城乡居民收入差距在2024年高于浙江省平均水平（1.83），分别为1.84、1.87和1.89。

（3）改革的滞后制约了城乡资源有效配置。因为城乡资源要素的流动仍受到阻碍，且农村集体资产的股权相对封闭，农村产权交易服务及其配套机制建设进展较慢，所以农村产权交易规模较小，农村资源的真正价值未能得到有效体现。因而，资源变资产、资金变股金、农民变股东的"三变"机制尚未真正建立。

（4）与浙江经济社会发展水平相比，农业转移人口的城市化速度相对较慢。在"十三五"期间，浙江有近500万农业转移人口落户城镇，但大部分是出于客观因素如城乡属性调整、城中村改造和移民搬迁等原因而落户，主动购房或靠亲属等方式寻求主动落户的比例不到40%（王瑜，2023）。这些农业转移人口即便在城市务工，仍然存在着适应城市生活的能力不足的担忧，同时也担心失去农村的"三权"——土地的集体所有权、承包权、经营权，这反映出目前农业转移人口的社会保障和支持不足，也反映出农村产权制度改革仍然滞后。

（5）医疗和养老服务领域存在短板问题。在医疗方面，不同层级的医疗资源分配不够合理，难以有效满足民众的就医需求。基层医院的诊疗水平、管理和人才队伍建设等方面存在明显不足，导致"趋高性"就医现象明显，省级医院不得不承担大量常见病和多发病的治疗工作，而县级以下基层医疗资源利用率不高。在养老服务方面，浙江省近年来老龄化程度快速加深，农村的老龄化程度远高于城镇，但养老服务在城乡的供给相对不足，且配置不均衡，明显滞后于老龄化形势。就养老服务而言，养老服务机构的布局滞后，供给单一，专业养老护理员短缺，整体养老服务水平相对薄弱，城乡居民享受养老服务水平存在较大差距。此外，浙江省养老护理员总体上面临数量不足和专业能力不强等问题，部分地市的养老机构数量偏少。

（三）"扩中""提低"缩小城乡发展差距的实现路径

站在中国共产党第二个百年奋斗目标的起点，面对当前浙江省城乡协调发展中的众多挑战与困境，应该从四个关键方面出发（薛见寒、黄茂兴，2022），以促进我国城乡协调发展、提高农村低收入群体的收入水平并扩大中等收入群体的比重，进一步实现共同富裕的目标。

1. 建立基于法治的公平分配机制，缩小城乡收入差距，激发农村消费市场的潜力

（1）应该建立一个以健全法治体系为基础的收入分配制度。坚守以劳动报酬为主要来源的原则，改进工资增长机制，增加劳动报酬在初次分配中的占比，并在需要时修订城乡低收入人群的最低工资标准。

（2）各级政府财政部门应增加对城乡社会保障支出的投资，建立基于初次分配、再分配和三次分配的制度架构，鼓励企业和社会团体积极参与公益慈善事业，加强监督管理机制，有效发挥第三次分配的作用。要提高税收、社会保障和转移支付等调控的准确性和力度，以促进城乡的均衡、协调和包容发展。

（3）要采取多种途径增加农村地区居民的收入。要持续推进和深化农村土地制度改革，激活未有效利用的农村土地资源，适度提高财产性收入在农村居民可支配收入中的份额；积极推动农村旅游、在线销售等特色产业的增长，鼓励农村居民创业以提高他们的收入水平。

2. 均衡城乡基础设施建设，发展数字经济以推动农业农村现代化

（1）政府层面应加大对农村地区基础设施建设的资金投入，确保其在合理范围内持续增长。要迅速解决农村地区在公路、桥梁、供水、供电、垃圾处理、污水处理等基础设施建设方面的不足，同时需要加强对后续设施的管理与维护，加强基础设施的安全监管，以提升农村地区基础设施的品质和效能。

（2）加大数字信息基础设施资源供给力度，特别是在农村地区。通过创建政府、企业、银行等多元融合平台，鼓励企业和商业银行加大对农村地区数字信息基础设施的投资和金融扶助，明确数字信息资源的公共产品性质，以促进城乡基础设施资源的均等分配，使广大农村地区能够分享现代化建设的成果。

3. 推动要素市场化改革，促进城乡资源双向流动以推动产业融合发展

要素市场化改革作为破除城乡分割的重要手段，在促进城乡协调发展和实现共同富裕中发挥着重要作用。要素市场化改革要做到以下几点：

（1）需要强化城乡要素市场配置的顶层规划，合理完善评估机制，并根据各地的具体情况在不同地区进行试点和推广。

（2）需要深入推进农村土地制度改革，全面实施城乡土地同地同价同权的原则，确保土地要素的流转能够在公平的交易和合理的补偿机制下进行。建立完备的农村闲置土地的付费转让和退出机制，有效利用农村宅基地和集体经营性建设用地，采用适度的税收政策手段，增加长期持有土地的成本，以提高土地要素的有效利用，并促进农村农业用地的规模化。

（3）应充分利用国家财政支持机制，加大对农村和农业的公共财政资金注入，以便最大程度地填补农村地区在关键要素领域（如人才、技术和资金）的不足。同时，应设立完善的激励措施，以吸引城市资源要素进入农村，实现城乡要素双向流动，从而提高乡村振兴的内生动力。

4. 促进城乡公共服务均等化发展，提高公共资源配置效率

实现城乡基本公共服务均等化的核心在于提升农村公共服务供给水平，这实际上是通过政府层级的公共政策引导，推进社会公共产品的公平分配，并提升城乡公共资源配置效率。具体方面包括：

（1）在教育文化领域，应设立城乡公平的义务教育经费保障和管理监督机制，同时增强农村教师队伍建设，改善乡村教育设施，推进城乡生均经费、教师编制标准和教学配置标准的一体化政策，确保农村地区能够持续获得教育资源。积极推动远程教育，充分利用现代信息技术，如互联网和在线课程等，以便农村学生能够享受城市高质量的教育资源。

（2）在医疗卫生领域，需要确立涵盖城乡地区的基本医疗卫生制度，同时增加财政支持，以促进农村地区医疗卫生系统的发展，实现医疗资源向农村地区的合理配置，并提升基层医疗卫生条件。此外，还需强化农村医疗队伍的培训和建设，并设立科学合理的薪酬福利体系，以吸引和留住适应农村地区医疗卫生需求的优秀人才。

（3）在社会保障领域，需要健全全国统一的城乡居民社会保障制度，提高城乡居民的最低保障标准，并完善农村居民社会救助体系。同时，要拓宽城镇职工保险制度的涵盖范围，将更多农村的灵活就业人员纳入保险范围内。加速推进城乡一体化居民养老保险制度的建设，将养老服务纳入城乡协调发展的重要议程，主动应对人口老龄化的趋势。

三、"扩中""提低"牵引区域协调发展

区域协调发展是缩小区域发展差距的必然举措。新时代，习近平总

书记提出创新、协调、绿色、开放、共享的新发展理念,强调区域协调发展是高质量发展的制胜要诀。党的十九大、二十大报告也提出了深入实施区域协调发展战略,这为统筹区域发展提供了科学指引,这一重要部署为推动经济实现质的有效提升和量的合理增长提供坚实支撑,有助于推进中国式现代化,对于实现共同富裕具有重要意义。

(一) 我国区域协调发展现状与问题

自党的十八大以来,在习近平总书记亲自规划、亲自策划、亲自推进下,我国已经建立京津冀协同发展、长江经济带发展、粤港澳大湾区建设、长三角一体化发展、黄河流域生态保护和高质量发展等区域性重大战略,同时加速推动海南自由贸易港的建设。对支持西部大开发、东北振兴、中部崛起、东部率先发展的政策体系进行进一步完善,推动构建完备的区域协调发展体制机制。在习近平新时代中国特色社会主义思想的引领下,各地区充分发挥自身比较优势,积极融入新发展格局,经济总量持续增长,发展均衡性逐渐加强,人民生活水平明显提升,呈现出区域协调发展全新面貌,体现了分工合理、优势互补、相辅相成的趋势。

区域协调发展取得显著的进展的同时,存在显著的不平衡和不足之处,而推进区域协调发展还需面对一系列困难和挑战。

(1) 东西部地区发展的差距依然显著。东部地区的结构调整步伐明显超过西部,其发展质量和效益远远优于西部。尽管西部地区经济增长速度较东部仍有优势,但经济总量的差距仍在不断扩大。西部地区在研发经费投入强度方面仅为东部的一半,社会公共服务"软件"方面的差距更加显著。

(2) 北方部分地区经济发展缺乏活力。东北地区多年来的经济增速一直低于全国平均水平,老龄化问题较为严重。西北地区面临资源环境保护的压力，经济基础较为薄弱，相对滞后于经济转型升级。

（3）特殊类型地区振兴发展仍面临一系列困难。在欠发达地区，人均可支配收入依然相对较低，革命老区的基础设施和公共服务水平有待提高，边境地区面临人口外流、村庄空心化等问题，而资源型地区的产业转型发展则受到技术、人才和资金等多方面资源的限制。

（4）区域生产力布局的调整任务十分艰巨。一些关键产业和产业链关键环节分布过于集中，部分地区的产业布局与资源环境的匹配性不足，需要进一步完善差异化的区域产业政策。地方保护和区域壁垒在一定程度上仍然存在，导致区域间产业同质化发展和低水平的重复建设等问题依然显著。

（二）浙江省区域协调发展现状与问题

1. 浙江省区域协调发展现状

近年来，浙江省区域协调发展成效明显，具体表现为：

（1）长三角一体化扎实推进。强化全省域全方位融入长三角，24项一体化协同事项加快落地。共同组建长三角自贸试验区联盟，积极建设长三角期现一体化油气交易市场。加速数字长三角建设，105项政务服务事项实现跨省通办，30类高频电子证照实现互认。

（2）"四大"建设呈现新亮点。积极提升浙江大湾区平台能级，推动特色小镇规范健康发展，2021年20个"万亩千亿"新产业平台加快建设，开发区（园区）数量从1059个整合至134个。加快打造诗画浙江大花园，发布首批8个大花园示范县和16个"耀眼明珠"。[①] 加快大通道建设，建成杭台高铁、金台铁路、杭海城际、杭绍城际、宁波舟山港主通道等一批重大项目。增强四大都市区集聚辐射功能，唱好杭州、宁

---

① 资料来自《2022年浙江省政府工作报告》。

波"双城记"五年行动计划落地实施。

（3）山区和海洋加快成为新增长点。2021年浙江省实施山区26县跨越式高质量发展支持政策，26县全体居民人均可支配收入增幅高于全省平均水平。实施加快海洋经济发展建设海洋强省政策意见，海洋产业生产总值增速高于经济增速1个百分点。打造山海协作工程升级版，实施山海协作项目369个、完成投资460亿元。[①] 截至2022年，浙江首批11个先进地区开发区和山区26县开放平台达成合作，双方整合产业链进行共同招商，已有新材料、清洁能源等21个项目落地。山区26县中有25个"产业飞地"签订共建协议，成功引进项目20个；13个"科创飞地"启动建设，完成投资28.7亿元，孵化项目276个，回流山区26县实现产业化项目99个，引进副高职称及硕士以上人才327人；36个"消薄飞地"有效带动超过2900个经济薄弱村实现返利近3亿元。[②] 陆海统筹，协作互补，不仅让两地百姓受益，也促进了山海之间的文旅融合，区域差距进一步缩小，推动共同富裕建设迈出新步伐。

2. 浙江区域协调发展存在的问题

尽管浙江省近年来在区域协调发展方面取得了一系列成就，但是其内部仍然存在区域发展不平衡的问题，具体表现如下：

（1）浙江沿海与内陆、山区与平原、城市与乡村的发展不平衡依然明显存在。尤其体现在东北部嘉兴、杭州、宁波、温州等沿海与浙西南山区的发展不平衡。在浙江也有类似胡焕庸线的一条显示区域发展差异的分割线——"清大线"（临安清凉峰镇和苍南大渔镇连接线），线两侧分别是浙东北和浙西南。两大区域在人口分布、地形地貌等方面差异明

---

① 资料来自《2022年浙江省政府工作报告》。
② 杨益波，张娜，任建华. 奋进共同富裕·浙江篇（上）| 浙江：山海协作加快缩小区域差距 [EB/OL]. (2022–08–24) [2024–12–26]. https://mp.weixin.qq.com/s?__biz=MzA4OTQ2MTAx-MA==&mid=2650307119&idx=1&sn=2bc510606201ed300a2587872cb2420a&chksm=88164252bf61cb442bf235ce39474bf1726d0378b2bc9765faa8c9dd360dcae90ecc4e15eb0c&scene=27.

显（清大线西南侧，拥有40%的面积、20%的人口和10%的GDP），经济发展水平、居民收入、公共服务等社会发展方面的差距也非常显著。

（2）浙江东部和西部的地理环境也存在着明显的差异。东部地区位于长江三角洲经济区，与上海等重要城市相邻，这为其对外贸易和对外合作提供了极为便利的条件。而西部地区则地处浙江省的西东部，地理位置相对较为偏远，交通等基础设施建设相对滞后。

（3）浙江东部和西部由于地理位置和交通条件等的限制，造成其产业结构不同、发展水平存在差距。浙江东部是中国经济最为发达的地区之一，其地区生产总值和人均收入都在全国领先。东部地区以杭州市为中心，辐射周边的绍兴、宁波、温州等城市，形成了以电子信息、轻工纺织、化工等为主导的产业结构。同时，东部地区还拥有优越的港口资源，宁波港和温州港是中国的重要口岸，这也为该地区的对外贸易带来了巨大的优势。相比之下，浙江西部的经济发展水平相对较低。该地区以丽水市为中心，辐射周边的衢州、金华等城市。西部地区的产业结构以农业和传统制造业为主，比如纺织、机械制造等。虽然西部地区的自然资源非常丰富，但由于交通等条件的限制，该地区的对外贸易并不发达。

（4）浙江东部与西部的人口密度和城市化程度存在显著差异。东部地区拥有杭州、宁波等大城市，同时还有一些人口较为密集的小城市和县城。这些城市为东部地区的经济发展提供了人力资源和消费市场。与之相反，浙江西部的人口密度和城市化程度相对较低。西部地区的人口主要分布在农村地区，且大部分为老年人口。由于缺乏优质的教育和就业机会，该地区的年轻人口流失较为严重。

（三）"扩中""提低"缩小区域发展差距的实现路径

2015年10月，习近平总书记在党的十八届五中全会第二次全体会议上明确提出，中国新时代区域协调发展须围绕三大目标，即实现基本公共服务均等化、基础设施通达程度比较均衡、人民基本生活保障水平大体相当。浙江省在新时期推动区域协调发展，也要以这些目标为引导，集中精力破解各地存在的难题和短板问题，确保不同地区的人民能够实现共同发展、共同富裕，并共享发展成果（刘应杰等，2022）。

1. 缩小城乡区域间基本公共服务差距

（1）要精心协调各个区域的基本公共服务以推动城乡地区的基本公共服务体系实现一体化发展。在实现基本公共服务均等化的目标下，特别关注与民生密切相关的领域，如养老保险、医疗保险、义务教育等。推动城乡地区基本公共服务制度的一体化，采用标准化手段优化资源配置、规范服务流程、提升服务质量、明确权责关系，并创新治理方式，以确保基本公共服务能够全面覆盖、底线兜底，实现均等分享。

（2）需要引导要素在不同区域之间实现合理流动，促进基本公共服务在区域间的平衡发展。为增加基本公共服务的投入，应引导更多公共服务资源向欠发达和落后地区倾斜。首要的是加强对农村、贫困地区和社会困难群体的公共资源支持。全面推动城乡义务教育的整体改革发展，完善涵盖城乡的教育资助帮扶机制；建立健全公共卫生体系，改善农村医疗卫生保障条件，提升贫困地区县域医疗卫生服务水平；提高农村基础养老金水平，进一步增加农村基本医疗保险报销比例，扩大医疗保险报销范围等。

（3）需引导更多公共服务资源面向农村、革命老区、民族地区、边疆地区、集中连片特困地区和深度贫困地区倾斜。

（4）应完善公共资源配置机制，为重点生态功能区、农产品主产区、边疆地区等提供有力的转移支付。

2. 推进基础设施的平衡发展至关重要

促进基础设施的均衡发展是激发民生内生动力的基础，需要加快完善基础设施网络，以实现区域的协调发展，确保各地区都能享有平等的发展机会。

（1）需要统筹各地区基础设施的发展，缩小区域发展的差距。一方面，需考虑东部与西部、山区与平原、城市与乡村、沿海和内陆地区等多个方面，以确保整体规划与专项规划的协调一致；另一方面，后发地区在加大基础设施建设的同时，应努力改善当地的开放环境、城镇建设、人口素质等，提供更丰富且更优质的就业机会，争取更多国家支持，推动基础设施的全面发展。

（2）加快完善基础设施网络，推进区域基础设施水平更为平衡。第一，需在科学规划的基础上，迅速建设连接西部地区内外的主要通道和区域性枢纽，以快速填补西部地区在高速铁路、货运铁路、公路、机场、电力、信息通信等基础设施方面的短板。第二，推进农村电网的建设，根据实际情况发展分布式电源，鼓励有条件的农村地区采用生物质能源。对于山区、海洋的无电区，需要结合通信网络建设，实现电力和信息通信的双向连接。

3. 确保各地区居民基本生活水平大致相当

推动区域协调发展、实现各地区相对平衡，主要注重解决不平衡问题，最终目标是满足人民对美好生活需求的不断增长。

（1）需要填补民生领域的不足，确保更多人能够共享改革开放所带来的成果。从经济高质量发展的角度来看，应该合理优化生产力和人口分布，通过结构性调整，为欠发达地区的居民提供更多创造物质财富的机会，提高生活水平。对于革命老区、边疆地区等特殊类型地区，需要加快建立完善的长期普惠性支持机制和差异化的有效支持机制，以有效填补基础设施、公共服务、生态环境等方面的短板，确保这些地区的居民能够更好地分享现代化建设的成果。同时，需要集中精力做好普惠性、基础性、兜底性的民生建设，不断提高公共服务的共建能力和共享水平，建立坚固的民生保障网。

（2）需要优化区域互助机制，以弥补"三农"发展的短板。一方面，应当改善区域互助机制，坚持东西部地区的协作与对口支援，深化东部沿海地区与西南山区的合作；另一方面，要注重提升农民收入，特别是西南部山区农民的收入，以填补"三农"发展的不足，缩小贫富差距。推动农业的升级，降低农产品生产成本，提高农产品品质；发展非农特色产业，在乡、镇、村提供非农就业机会，促使农业劳动力实现就地转移；推进农业产业化，建设农产品集采中心，打造一批区域公共品牌，促使农业产业完成转型升级。

4. 推动山区26县跨越式高质量发展

坚持分类施策、一县一策，完善省域统筹机制和激励奖补政策，省财政新增安排专项资金，支持26县生态工业重点项目。支持浙西南革命老区建设。深入实施山海协作工程，提升"产业飞地""科创飞地"建设水平，增强山区内生发展动力。

5. 大力推进海洋强省建设

加快建设甬舟温台临港产业带，积极发展海洋装备制造、海洋生物医药等产业，推动炼化一体化和下游新材料项目建设，建好国家级绿色石化产业基地，促进海洋渔业转型提升。支持建设海洋中心城市。加快宁波舟山港世界一流强港建设，完善港口集疏运体系，提高海铁、公铁、江海等多式联运发展水平。

6. 推动民族地区和革命老区群众共创共享美好生活

不断强化民族地区和革命老区内生动力培育，确保村级集体经济总收入和经营性收入达到全省标准，少数民族农村居民人均可支配收入约达全省农村居民的90%。持续推进全国民族乡村振兴示范建设，争取9个以上民族乡（镇）列入并完成全国民族乡村振兴试点建设。深入挖掘革命老区红色资源，持续提高红色旅游在村级集体经济收入中的比重，支持民族乡村依托优秀民族民俗文化，做强特色旅游品牌。深入实施民族地区和革命老区县乡山海协作升级版，引导山海协作、支持山区26县发展等省内帮扶协作政策更多惠及民族地区和革命老区。

第二节　精准画像破解"扩中""提低"难题

由于我国人口具有基数大、人群构成复杂多元等特点，如何精确识别不同收入群体的需求和特征，如何制定有效的增收激励政策，如何监测和评估政策的执行效果等，这些都给"扩中""提低"改革任务带来了不小的挑战。当前，浙江省全面推进数字化改革战略任务，创新性地运用大数据、人工智能等数字技术对全省九大重点群体的特征进行数字画像，以精准识别"扩中""提低"目标对象。本节旨在梳理和总结浙江省探索数字赋能群体画像的成功经验，为更好地推进"扩中""提低"改革任务提供参考和启示。

一、数字赋能群体画像的含义

精准画像是用户画像技术的延伸和创新，是用户画像技术在政府治理体系中的创新性应用。用户画像最早由交互设计之父阿兰·库珀（Alan Cooper）提出，他将其定义为真实用户的虚拟代表，是根据用户行为、动机等因素从真实数据中抽取出每类用户的共同特征，并使用名字、照片、场景等要素对其进行描述。该概念一经提出，便受到业界和学术界的广泛关注。业界早期主要用于企业的顾客行为分析，帮助企业更好地寻找和管理目标客户群，因其效果显著之后被迅速推广至其他领域。学术上，不同时期的学者对用户画像技术有不同的理解。有的认为它是消费者在网上的浏览、点击、留言、评论等全方位、立体性的消费者的数据集合；有的认为它是参考用户性别、受教育程度等人口统计学特征、社交关系和行为模式等标准而分析、总结和构建出来的一种标签化了的用户模型；有的则认为用户画像的过程包括搜集用户数据、分析用户相关的业务特色以及可视化数据分析结果等。

从构成要素来看，精准画像由目标对象的属性、特征和标签构成。其中，目标对象属性既包含诸如姓名、性别、职业等相对稳定的属性，又包含诸如访问频次、访问时长、浏览记录等动态属性。目标对象特征是通过数据挖掘、统计分析等方法从目标对象属性中抽取出来的特性或共性。而目标对象标签是对所提取的目标对象特征赋予标签化的文本，用来表达和区分目标对象特征，方便使用者的理解和应用。

精准画像既可以用于对单个人、事、物等微观个体进行数字画像，也可用于团体、企业、产业、地区甚至更宏观的群体对象的数字画像。例如，浙江省乐清市借力数字化技术开发的刻画碳效等级的"碳画像五色图"，以及杭州市高新区（滨江）提出的"企业创新积分"，构建了企业"梯队式"培育画像。再如，浙江省平湖市"精平扶——困难群体精准画像"创造性提出"五型三色"分类标准，建立兜底型、急难型、支出型、关爱型、发展型5套指标体系，同时依靠大数据算法测算家庭风险等级，为每一个低收入家庭都找到属于它们的家庭类型与风险颜色。从这些例子可以看出，精准画像已经突破了用户画像原本"用户"自然人属性的束缚，延伸至群体和虚拟对象。

精准画像在企业的成功实践为其在政府治理体系中的推广应用奠定了基础。事实上，政府部门掌握着大量高价值的群体数据，精准画像通过充分挖掘和分析目标群体的收入构成、消费行为、家庭结构、政策需求等信息，能够准确勾勒出不同群体的特征属性。在此基础上，政府部门可围绕政策进行人群细分，定位施策的核心人群，制定阶段性目标和决策，以提升政策效度和服务精准度，实现"一人一策""一地一策"。

目前，精准画像目标群体已经成为推进浙江省"扩中""提低"任务的基础性工作。

数字赋能群体精准画像的重要意义具体体现在以下几个方面：

（1）识别重点群体。数字技术和数据分析可以帮助政府和社会机构收集、整合、分析各类数据，如人口、收入、消费、教育、健康、就业等，从而对不同收入群体进行细分和分类，确定重点关注的对象和范围，为精准施策提供基础。

（2）制定针对性政策。数字技术和数据分析可以帮助政府和社会机构深入了解不同收入群体的需求和特点，如增收动力、增收渠道、增收障碍等，从而制定符合实际情况和群体特征的增收激励政策，如税收优惠、补贴补助、培训教育、社会保障等，为精准激励提供方案。

（3）评估政策效果。数字技术和数据分析可以帮助政府和社会机构实时监测和评估不同收入群体的增收情况和政策执行效果，如增收幅度、增收结构、增收质量等，从而及时发现问题和不足，调整和完善政策措施，为精准监测提供依据。

二、精准画像的关键性难点

"扩中""提低"行动贵在精准、难在精准。针对复杂的人群结构，浙江省在"扩中""提低"行动方案中重点划定了九类重点群体，如图2-1所示，它包含技术工人、科研人员、中小企业主和个体工商户、高校毕业生、高素质农民、新就业形态从业人员、进城农民工、低收入农户、困难群体。这些群体既有共性需求，也有个性特征，需要综合运用多种数据来源和方法进行识别和分类。然而，这些群体涉及不同的行业、领域、地区和层次，具有多样化、动态化、复杂化等特点，给"扩中""提低"行动带来了巨大的挑战，主要表现在两方面。

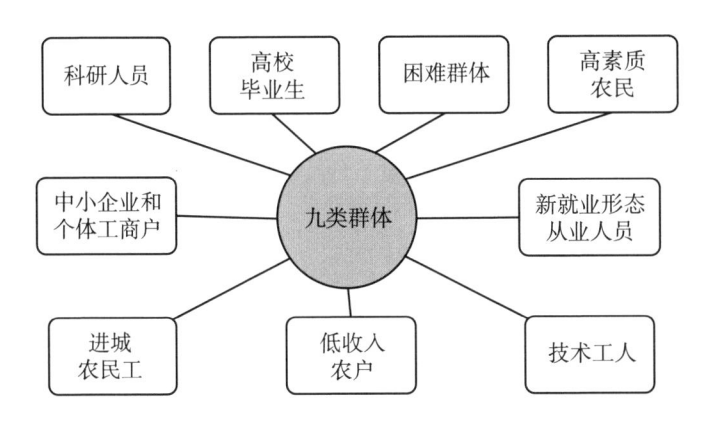

图2–1 浙江省"扩中""提低"行动方案九大群体

(一) 九类重点群体识别难

"扩中""提低"的基础在于全面、及时、准确掌握九类重点群体的信息,实际工作中主要存在以下难点。一是全面准确掌握信息难度大。政府各部门数据游离于统计部门工作之外,不同部门之间数据相互独立,存在对接与转化程序复杂、工作量大、标准不一等问题,信息纵横对比与跟踪更是难上加难。二是时效性较弱。传统方式需要组织调动人力进行调查,时间间隔较长,信息更新及时性差,容易造成新的困难群体往往无法及时录入和新的脱贫群体未及时退出两者并存的状态,影响动态、高效管理。三是准确度不高。九大重点群体面广、量大且受教育水平、素质与能力差异大,政府政策传递到户到人并及时准确接受信息存在一定的难度,政府传达的政策与民众领会的信息存在不同程度的偏差,加上部分地区监管不到位,谎报、误报、漏报等问题时有发生。可见,精准识别九大重点群体有赖于数据的充分性和可靠程度,这是实现精准施策的前提保障,也是"扩中""提低"面临的关键性难点。

(二) 八大路径实施难

八大实施路径针对不同群体采用不同的实施策略，具有多样化、复杂化的特点。具体的八大路径如图2-2所示。

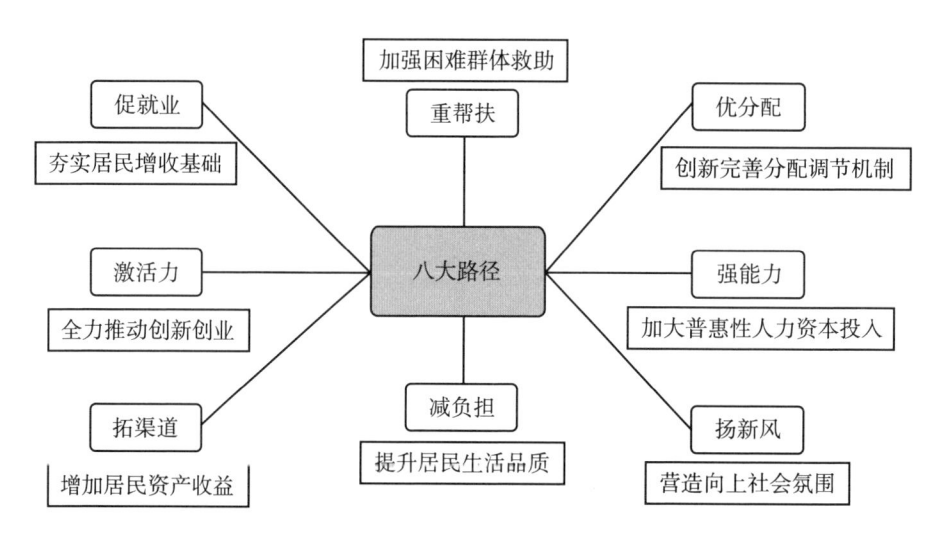

图2-2 浙江省"扩中""提低"行动方案八大路径

"促就业"面临就业结构不匹配、就业质量不高、就业服务不完善等问题，需要加强就业指导和培训，促进就业结构优化，完善就业创业服务体系。"激活力"受制于技术创新能力不强、市场竞争力不足、社会参与度不高等问题，需要加强技术创新和转化，提升市场竞争力和创新力，增加社会参与度和影响力。"拓渠道"存在融资难、融资贵、市场准入难等问题，需要优化金融服务，降低融资成本，提升数字化能力，拓展市场渠道。"优分配"存在着分配制度不完善、分配机制不合理、分配效果不公平等问题，需要完善分配制度，创新分配机制，优化分配效果。"强能力"面临着教育资源不均衡、教育质量不高、教育服务不完善等问题，需要推进教育公平，提高教育质量，完善教育服务。"重帮扶"存在着帮扶对象不精准、帮扶措施不到位、帮扶效果不持续等问题，需要精准识别和摸清底数，制订个性化的帮扶方案，实施长效的帮扶机制。"减负担"存在社会保障不足、医疗费用高、教育支出大等问题，需要完善社会保障制度，提高医疗保障水平，降低教育支出。"扬新风"缺乏足够的文化自信、文化创意、文化传播能力等，需要加强数字文化的创作生产、传播推广、保护利用，打造具有浙江特色和影响力的数字文化品牌。

三、精准画像赋能"扩中""提低"的路径

1. 精准画像赋能"扩中""提低"改革行动建议

可以从以下几个方面推进精准画像赋能"扩中""提低"改革行动。

（1）实现准确画像，科学辨识核心群体。为了有效进行"扩中""提低"，首先需要科学确认和理解政策受益者。由于社会群体的多元性和收入结构的复杂性，相关信息分布在不同的行业和地域，存在相互交织和难以辨别的问题，数字技术可以即时获取全面的群体数据，使重点群体的基本情况更加直观、全面、清晰。

（2）实现准确激励，因群施策。在"扩中""提低"的过程中，必须对不同群体采取有针对性的政策。数字技术有助于多维度构建核心群体的立体画像，全方位呈现其收入模式的组成情况，找到阻碍其增收致富的"难点""痛点"。高复杂性和高性能特征的数字计算还能将各类指标量化，从而建立数据模型，模拟对核心群体施政的效果。

（3）实现科学监测，动态调整收入政策。收入变化是一个动态过程。在过去，由于信息分析的限制，增收致富政策通常表现出短期性和滞后性。在信息化时代，数据分析、监测和优化的能力大幅提升，政府可以及时调整相关措施，防范收入政策的偏差，缓解收入差距扩大的风险；同时，增强政策的灵活性，确保其长期有效，且与其他政策相协调。

2. 数字技术赋能群体画像的具体路径

数字技术赋能群体画像的具体路径如图 2-3 所示。

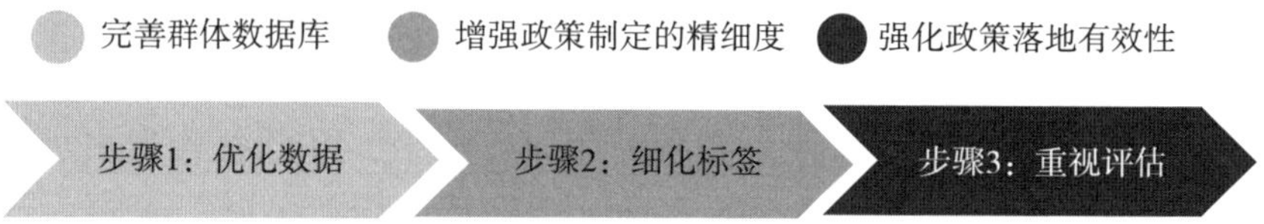

● 完善群体数据库　　● 增强政策制定的精细度　　● 强化政策落地有效性

步骤1：优化数据　→　步骤2：细化标签　→　步骤3：重视评估

图2-3　数字赋能群体画像的路径

（1）优化数据，完善群体结构数据库。打通城乡、区域、行业、部门间的数据孤岛，完善基础数据建设，全面整合重点群体数据。加快完成高质量的数据搜集、清洗和提取，增强数据的真实性和时效性，掌握真实的收入情况及增收制约因素，建好全面、高效、集约、准确的群体结构数据库，形成"建设—治理—应用—反馈"闭环。

（2）细化标签，增强政策制定的精细度。在群体画像中，要不断增加行业、城乡、区域、家庭收入、消费行为等群体标签，形成多维度、细致化、具象化的大数据标签体系，做到更精细的小群体画像甚至个体画像，真正实现对重点群体个性化和多样化特征的全面展示与分析，把长期战略和短期激励相结合，把普遍共性和特殊个性相结合，推出"千人千面"的个性化政策服务包。

（3）重视评估，强化政策落地的有效性。借助实际数据，加强对重点群体收入结构特征和收入水平变化的实时监测与动态分析，健全对"扩中""提低"行动的数据反馈与评估机制。尤其要把人民群众的获得感和认同度作为重要标准，把人民群众的主观满意度作为主要参考指标。以监测引导问题分析，以反馈促进激励调整，以评估推动政策优化，切实增强政策供给的可操作性和落地性，有效释放人民群众可感可知的政策红利。

第三节　"扩中""提低"行动浙江新实践

近年来，浙江省认真贯彻落实习近平总书记关于支持浙江高质量发展建设共同富裕示范区的重要指示精神，积极实践数字赋能"扩中""提低"改革行动，积累了许多成功经验。

一、数据库建设助力群体画像

（一）浙江省统计局经验

2022年，根据《浙江省统计局2022年工作要点》，为了摸清浙江省社会群体结构特征、精准识别"扩中""提低"重点对象底数，浙江省统计局始终致力于"全面覆盖＋精准画像"基础数据库的建设，以打破不同部门之间的数据壁垒，推动部门数据互联互通和个体数据有条件共享。同时，不断完善数字化改革顶层设计，迭代优化以"大脑＋应用"为基本型的全省统计局系统数字化改革体系架构，持续健全统计数字化改革共同话语体系。

经过一年多的建设，浙江省统计局不仅构建了"全面覆盖＋精准画像"群体结构数据库，还打造了"大脑＋应用"为基本型的全省统计局系统数字化改革体系架构，为浙江省经济高质量发展提供基础性保障。其中，"统计大脑＋应用"自2022年3月整体上线以来，推进收集全省统计数据、部门数据、社会大数据和行为数据等，目前已形成海量的统计数据和多维的统计智能工具箱。在"统计大脑"支撑下，目前浙江省统计局已打造共同富裕统计监测、碳排放智能统计核算、浙江民调在线等10个重大应用。

"全面覆盖＋精准画像"基础数据库的建设。针对农村居民"提中""扩低"面临底数不够清的问题，按照浙江省委、省政府的部署，浙江省统计局充分运用数字化技术思维，聚焦"人"的特征和活动属性，贯通公安、人社、民政、住建等部门数据，统筹就业、产业、职业、收入、分配和消费等信息，重塑统计履职方式、业务流程、体制机制、制度方法，开展"全面覆盖+精准画像"基础数据库建设。按照"面—线—点"研究路径，已基本摸清低收入农户各细分子群体底数和特征，及时掌握"提低"重点人群基本状况，为上下联动、精准施策提供依据。

共同富裕统计监测的开发。浙江省统计局增量开发共同富裕统计监测重大应用场景，可以及时掌握共同富裕进程、评价共同富裕实现程度、分析共同富裕影响因素，解决统计调查各类人群从业人员覆盖不全面、"扩中""提低"对象群体底数和群体特征识别不精准、数据共享不到位等问题。全面感知场景，紧扣"共同"和"富裕"两大关键词，瞄准城乡、地区和收入三大差距，综合评价共同富裕实现程度，反映群众对共同富裕的获得感、幸福感、安全感和认同感。同时以基础数据库和统计联网直报系统为依托，开展群体精准画像和企业精准画像，推进共同富裕统计监测更为精细化。针对低收入农户，开发了"低收入农户"群体精准画像子场景，可全面直观展示浙江省低收入农户基本情况、群体特征，为精准施策提供依据。

碳排放智能统计核算系统的开发。碳排放统计核算是一项重要的基础性工作，为科学制定国家政策、评估考核工作进展、参与国际谈判履约等提供必要的数据依据。而绿色是浙江发展的底色，浙江省第十五次中国共产党代表大会指出，要坚持不懈推动绿色低碳发展。在"统计大脑+应用"中，一个极具特色的应用便是"碳排放智能统计核算"。从规模来看，该应用归集了统计、发改、经信、交通、电力等相关部门数据，形成了包含5万余家规模以上的工业企业，涉及煤、电、油、气等39类主要能源品种以及6大领域行业数据的数据仓。与此同时，这一应用可以对各地区、领域、企业碳排放开展统一规范的统计核算工作，持续监测、全面反映浙江省碳排放指标完成情况及影响因素。在大数据的快速响应下，每家企业的碳排放核算成本能从两三万元降至零元，核算时间也将从两三个月缩短至"一键即时",为浙江推进"双碳"、主管部门控碳、重点企业节能减碳提供精准统计服务。

"浙江民调在线"平台。该平台是浙江省统计局数字化改革"1+3+N"架构中的重大应用之一,旨在打造数据安全、流程规范、过程可靠、结论权威的官方调查调研平台。该应用通过"一平台、一规范、多场景"的综合解决方案,以"智调赋能"为基层"智慧减负",着力破解各级党委和政府调查问卷报表数量多、管理难的现状,解决基层重复报送、多头参与和"指尖上的调查任务重"等问题。截至2022年,该平台已贯通人口普查、经济普查、农业普查、基本单位名录库等多个数据库系统,归集浙江省内253万条法人单位数据和2000万自然人数据,支持通过标签字段对调查样本进行精细画像,系统根据样本画像需求,通过可用不可见技术抽取样本,并通过12340短信平台进行精准推送,实现快速触达目标人群,大大提升调查效率。"浙江民调在线"自上线以来,在大数据支撑下精准推送调查问卷,改被动收集为主动汇集,让群众呼声一键直达党委、政府。截至2022年,已开展调查项目320余项,收集成功样本超207万个,为基层减负9万人次以上。据悉,该应用已走出浙江、服务全国,被国家统计局及西藏、新疆等其他省区复制推广到社情民意调查中,充分贡献浙江智慧。

(二)嘉善县统计局经验

作为县级单位,近年来嘉善县统计局持续更新统计数字化改革理念,不断优化思路与方法,全方位升级手段,成功构建了"善统数智+应用"体系。这一体系紧密围绕统计生产、统计服务、统计监督三大核心业务,深度开发并集成了多个关键应用,涵盖基础数据库、投资项目边界管理、企业统计人员数据库、一键报表以及基层网格智治等领域,实现了跨场景的高效协同。

在基础数据库建设方面，嘉善县统计局创新性地打造了"全面覆盖＋精准画像"模式。以"科研人员"群体为切入点，精心遴选常住人口基本信息、工作信息、特定收入支出等关键指标，广泛收集并整合行政管理与统计调查数据，形成了初代群体结构数据库。以此为基石，对"扩中""提低"重点对象进行精准识别与监测，科学评估政策实施效果，为共同富裕统计监测提供了坚实的嘉善样本。这一成果不仅有力地推动了全县人民向共同富裕目标稳步迈进，更为同类地区提供了可借鉴、可推广的宝贵经验。

建立"一步锁定精准画像"企业统计员数据库。面对企业统计人员变动频繁、人员信息共享不及时的"顽疾"，建立"一步锁定精准画像"企业统计员数据库，全面推广企业统计人员备案机制，打破"信息孤岛"，实现全县企业统计人员情况的实时掌握，在基层统计人员队伍建设上形成有效的"嘉善经验"。为了实现精准掌握源头信息，统计人员数据库归集了多维度数据，包含统计人员、企业信息、信息变更三大模块，内含企业名称、统一社会信用代码、所属区域、法人代表等企业基本信息指标，以及统计人员姓名、学历、职称情况、统计工作年限、参加培训情况等人员信息指标。通过人员库的建立，实现统计人员的全流程追踪、全过程备案，县镇（街道）两级统计机构可以掌握每个"四上"企业的基本框架，通过信息变更模块，及时掌握企业统计员变更情况。

加快推进省统计局"统计大脑＋应用"的推广使用。嘉善县统计局根据《浙江省统计局关于做好基层统计网格》文件要求，积极推进基层统计网格智治，精准化构建四级网格，在县域范围内形成"合理布局、协同发力、动态调整"的基层统计网格智治组织体系。组建了1个一级网格、9个二级网格和60个三级网格，涉及企业1423家。据了解，基层统计网格覆盖率、网格企业激活率均达到100%。

加速推进"统计之家"建设,打造企业服务的高效枢纽。嘉善县统计局积极打造"统计之家",充分发挥其小班化、多维度的网格活动平台优势,持续加大分级分层精准培训力度,推动基层统计人员素质不断提升。同时,聚焦企业急难愁盼问题,结合助企纾困解难等主题开展深入调研,形成"发现—分析—解决—反馈—跟踪"的闭环管控机制,确保企业问题得到及时有效解决,为企业发展提供坚实统计力量。

加速推进"一键报表"。最多报一次"一键报表"工作是统计系统标识度很高的一项改革,其推广应用工作不仅体现了统计系统数字化改革的能力和水平,更是减轻企业负担、提高统计数据质量等方面走在前列的重要尝试与探索。县统计局全面推进"一键报表"覆盖面,截至2022年,"一键报表"应用企业报送家数达818家,规上工业与规上服务业企业覆盖率均已达60%以上,提前完成浙江省统计局月度覆盖目标。

(三) 台州市统计局经验

为推进台州市"共富图"系统架构建设,加快实现共富建设的"一屏统揽",助力打造一批共同富裕标志性成果的重要抓手,台州市统计局承接台州市共富改革子项目中"全面覆盖+精准画像"的群体结构数据库项目,并主动承接两项省级试点项目,组织县(市、区)开展多项市级试点项目,"以点带面"助力"共富图"系统架构建设。

"瓜农天下"试点链接高素质农民群体素质库。台州市高素质农民群体数据库建设通过建立收入测算模型,根据收入测算模型对"瓜农天下"后台1.5万名瓜农进行收入测算。通过与黄岩区"瓜农天下"平台对接,在平台上添加"收入"字段,进一步丰富了数字化改革应用成效。同时,台州市局在试点建设过程中,探索瓜农行业以外高素质农民界定与数据库建设,如基础资料相对完善的畜牧业、种粮业等。

"中等收入群体分类评估试点"探索群体结构数据库建设路径。台州市承接了省级试点"中等收入群体分类评估试点",探索解决"全面覆盖+精准画像"群体结构数据库建设过程中面临的新问题,通过住户调查数据建立收入评估模型,开展台州市中等收入群体分类识别研究,积极探索群体结构数据库建设路径,为浙江省群体结构数据库建设提供台州经验。

县级试点"全面开花"充实"全面覆盖+精准画像"群体结构数据库。台州市在全省率先实现县(市、区)"全面覆盖+精准画像"群体结构数据试点工作的全面开花。目前已组织各县(市、区)统计局共同开展旅游业从业人员、梅农群体、小海鲜养殖户、畜禽生产规模户、高素质渔民和低收入农户等9个市级精准画像试点项目,9个县(市、区)"全面开花"精准画像各类群体。

(四)嵊泗县民宿主体结构数据库经验

嵊泗县"全面覆盖+精准画像"民宿主群体结构数据库建设项目是浙江省统计局共富型统计监测体系的首批试点项目,2022年8月成功入选了浙江省数字政府系统地方特色应用"一本账"及浙江省大数据发展管理局城市大脑智能模块典型案例。该应用聚焦"民宿主"这一共同富裕特色群体,以构建民宿主精准画像为核心业务,建设"民宿主精准画像驾驶舱",集成"民宿主数据库管理平台",打造"民宿微管家"综合应用,实现对全县民宿主多层次、多维度的分析,科学识别"扩中""提低"对象,助力高质量建设共同富裕示范区海岛样板县。

创新统计方法,实现多跨集成。通过一体化智能化公共数据平台、业务部门数据批量汇集、浙里办端"民宿微管家"调查方式、AI模型预测等多种方式破解数据采集难题,整合文旅、市监、社保等10个业务部门数据,梳理归集了42类、148万余条数据。通过对全县民宿主群体收入、年龄、学历、户籍等指标的分层分类,构建多维度"民宿主精准画像驾驶舱",准确分析民宿主收入结构,科学识别"扩中""提低"对象。

利用统计模型,破解监测难题。一是为有效破解民宿收入情况无法全面准确掌握的难题,采取"模型+算法"等方式,通过对民宿能耗情况、营销情况、规模情况等数据进行量化,拟合特征数据与净收入,建立测算模型,科学测算民宿主年经营净收入,有效识别了"扩中""提低"对象,为政府制定各项政策,促进民宿共同富裕提供了科学依据。二是先"算"一步,发挥统计预警预测作用。积极开展对未来游客走势的探索,使用prophet模型,基于嵊泗县历史游客人数,建立了未来月度游客量预测模型,帮助民宿主提高风险防范能力,助力民宿健康运营。

开发统计应用,助力海岛共富。在"浙里办"上架的"民宿微管家"内容涉及三大功能七个模块。其中"我的民宿"和"调查问卷"两个模块从统计数据推送和民生民意传达上实现民宿统计精准触达;"民宿画像"和"民宿排行榜"两个模块从特定对象识别和产业发展多角度监测上实现民宿分析多维展现;"海岛宿记""民宿智算""民宿政策"三个模块从未来游客预测和收入因子分析上实现民宿服务智能共享,为各级政府精准施策提供了数据支撑,助力海岛民宿共富。

贯通统计链路,实现全域共享。在市级层面,召开民宿主数据库建设嵊泗现场会,与其他县区分享建设经验,宣传推广"民宿微管家"。在省域层面,"民宿主收入预测模型"上架IRS省域组件共享,截至2022年9月,已有3个县区和2部门申请了组件,实现了不同应用场景中的组件复用,达到了可用可推广的目标。总结实践经验,撰写并发布了《民宿主群体结构数据库建设规范》,为其他地区同类数据库建设提供参考依据。

二、群体画像助力精准帮扶

(一) 群体画像精准帮扶科技型小微企业

杭州市高新区（滨江）通过对接服务科技型小微企业，了解到许多小微企业面临着一些问题。一是，多数科技型小微企业仍处于产业链低端，企业规模偏小、产品附加值偏低、核心竞争力不强，规模实力和抗风险能力较弱，这部分企业普遍存在"高技术、轻资产"的特点，在银行债权融资中存在一定困难。二是，企业之间存在信息障碍，导致企业无法准确了解合作企业的技艺之长与存在的风险，而科技型中小企业往往都存在各自的技术难点，需要对接合适的企业才能将其难关攻克，这种信息不透明化的障碍，会导致科技型中小企业无法高效地与合适的企业匹配协作解决其技术难点。三是，通关困难是许多对外企业普遍存在的问题，以通关可视化为例，以前企业没有查询货物通关状态的途径，只能依赖"货代"的沟通，不仅效率低下，而且通关状态不能实时呈现。若货物通关过程中出现异常，因为信息传递不及时，企业往往处理比较滞后，即使异常能够解决，也易导致船期延误，客户项目交付延期，同时产生空舱费等额外成本，给企业造成不必要的损失。

自2021年浙江省全面推进数字化改革以来，源于创新创业生态需求的内生驱动，杭州高新区（滨江）以数字化改革为抓手，围绕技术、资本、服务等关键要素，构建包含"产业链图谱""技术供需对接""浙科贷"等多类应用在内的数字经济系统，实现企业服务全流程数字化变革。

杭州市高新区（滨江）通过绘制"产业链图谱"，以可视化的方式展示区域产业链上下游创新资源分布情况。结合前期企业创新积分工作试点与"按技寻企""技术供需对接"等技术的应用，截至2022年，该区已经举办了 6 场产业链协同创新活动，累计筛选并邀请企业 154 家，促成合作 42 项。在数字安防、生命健康、物联网产业链各个环节该区已基本形成对创新企业、创新人才、专利的分析评价体系，完成对产业链节点的评价，进而提示产业链风险点，筛选一批优质强链补链企业，可以实现招引有效触达。

（二）群体画像精准帮扶困难群体

如何让困难群众及时出现在救助视野范围内？如何找到这些"沉默的少数"实现主动救助、精准帮扶？平湖通过建设"精平扶——困难群体精准画像"数字化应用场景，依托智慧赋能，不但使最低生活保障等社会救助兜底保障工作逐渐从"人找政策"向"政策找人"转变，而且让社会救助更精准更高效，实现了救助帮扶既有速度又有温度。

在归集民政部、14 个省厅（局）、28 个市属部门 188 类的信息数据后，平湖市"精平扶——困难群体精准画像"数字化应用场景于 2022 年 5 月 18 日正式上线。过去只能知道某户家庭有成员患重病，医疗费用开支大，需要帮扶介入，现在能清晰地知晓该户家庭哪位成员罹患了什么重病，家庭是否曾经遭遇过意外；过去能够知道某户家庭大致的收入情况与来源，现在能够直接看出家庭主要劳动力分布、赡（扶、抚）养情况。最关键的"救助历程"中，不仅包括该家庭享受救助帮扶的情况，还包括家庭内未成年人受教育、家庭劳动力就业等情况。例如"精准画像"应用监测到平湖市某在册低保户已毕业 1 年，但尚未参加工作。这一信息被自动推送到了当地人社部门以及其所在镇和村。在接到推送信息后，人社部门工作人员第一时间联系到了此人，安排对其进行免费的职业技能培训。其所在镇和村则通过"网格连心、组团服务"，为其链接网格内资源，根据他的专业技能优势，成功为其匹配到一家设备制造公司。

截至2022年7月,"精准画像"累计为4217户家庭完成全面画像,自动生成生活、医疗、就业、教育等救助帮扶建议2.35万条,匹配帮扶成功率达79%。

为方便救助资源的供给与调配,平湖市创造性提出"五型三色"分类标准,建立兜底型、急难型、支出型、关爱型、发展型5套指标体系,同时依靠大数据算法测算家庭风险等级,为每一个低收入家庭都找到属于它们的家庭类型与风险颜色。其中,绿色代表风险等级较低,黄色表示风险等级适中,红色表示风险等级较高。通过"五型三色"分析,快速形成"一户一册"画像报告,有助于更快地汇集网格资源,推动帮扶政策落地落细,最终实现政府、社会组织、企业、个人等各类救助资源能够有效匹配困难群众的需求;各主体之间的资源有效汇聚,借助"精准画像"的数字化平台实现了数据决策,提升了社会救助制度的可及性与可得性。

(三) 群体画像精准帮扶低收入农民

浙江省景宁畲族自治县是丽水市辖县,位于浙江西南部,是西南部山区26县之一,也是浙江高质量发展建设共同富裕示范区第二批试点地区之一。景宁大山中有一道"无形的线"——海拔600米,当地2/3的村落坐落在它之上。平常那里云雾缭绕,刺激作物产生更多氨基酸和多糖;到了冬季,它就成了一道亮丽的"雪线",高寒霜冻杀死越冬病虫,使农作物不打农药成为可能。这意味着这里拥有11万亩纯净无污染耕地和150多万亩山林资源。5年来,海拔600米也成了景宁干部的"工作线"。2017年,景宁县委、县政府创新打造"景宁600"区域公共品牌,为山区农业现代化变革撑起"骨架"。

"景宁600"建立起对标欧盟的品牌准入制度,引导县内60家农业龙头企业、示范性合作社、种养大户和销售主体分批次加盟,共创共享,陆续组建7家产业农合联,逐步形成以惠明茶、冷水茭白等拳头产品为代表的七大品类112款优质高山农产品体系;"耕作者联盟""销售者联盟"先后成立,组织加盟企业指导农民有机耕作,实践茶园养羊、稻田养鱼、茭田养鸭、林下种药等生态种养模式,带领中小散户共闯市场、共享渠道、抱团营销;借力浙江"山海协作工程""长三角一体化发展"等区域协调重大战略举措,精品山货被组合成"大礼包",源源不断地送往宁波、上海等发达地区设立的"飞柜","景宁600"品牌影响力、附加值持续提升。

自2017年以来,景宁畲族自治县通过创业式帮扶激活了低收入群体的自我发展动力,大大改变了低收入农户的生产生活方式,取得了一系列成就。600米以上这条海拔线,已化身为山区产业振兴、百姓增收的"共富线"。截至2022年,"景宁600"精品生态农产品销售额累计超25亿元,平均溢价率超过35%,带动农民人均年度可支配收入实现近50%增长。

(四)群体画像精准帮扶失业人员

在基层就业帮扶工作中,社区工作人员会面临信息不够全面、帮扶不够精准、服务不够高效等问题。在浙江杭州,有这样一个数字就业应用平台——重点群体就业帮扶应用场景,以大数据为支持,为社区就业帮扶提供了抓手。

重点群体就业帮扶应用场景的数字就业数据库打通了浙江省及其各市的人社、民政、教育、市场监管、国税等11个部门的数据,并整合了职业介绍、岗位招聘、网格管理等数据。失业人员登记后,社区工作人员通过电话和走访等方式,进一步核实情况、了解他们的求职意愿。

系统为每个被帮扶对象建立了"一人一档",详细记录了失业登记、技能培训、成功就业等帮扶全过程。其间,就业社工根据走访提醒,阶段性"一对一"开展就业帮扶工作。

与此同时，该"数字就业"应用平台还开发了自动提醒功能，基层工作人员可设置超期走访提醒、社保断缴提醒、援助证到期提醒、首次登记提醒等，还可实时收到失业走访、就业帮扶、回访跟踪等在线派单，叠加失业预警等提醒功能，有效减少基层就业服务的滞后性和差错率。

（五）群体画像精准帮扶新就业形态从业人员

2021年，浙江杭州余杭区聚焦新业态从业人员这一共富重要群体，推出"新业态灵活就业服务"在线平台，打造全省首个灵活就业线上服务中心；随着零工行业逐渐走俏，该区又积极布局线下零工市场，让零工就业更便捷、更"有温度"。

自上线以来，"新业态灵活就业服务"在线平台搭建"浙里办"服务端、"浙政钉"治理端和数字驾驶舱3大智慧应用，建立就业岗位和人员底数两张清单，大范围摸排新业态就业人员，从年龄、学历、性别和户籍4个维度为全区新业态从业人员绘制"精准画像"，实现了对"小零工"的"大就业"管理。

就业服务要实现精准匹配，供需"蓄水池"也必须足够大。为此，"新业态灵活就业服务"在线平台通过线上汇总筛选区内企业的缺工岗位，持续将缺工数据上传至平台数据库，为广大待就业人员提供岗位选择场景。

此外，余杭在"新业态灵活就业服务"平台上线"政策智推"功能，绘制并发布"技能人才需求地图""各镇街企业缺工地图""灵活就业工种分布图"等，为政府、技工院校、培训机构、求职者呈现全区灵活就业岗位、培训概览。

第三章

数字赋能推动中小企业发展的路径与实践

近年来,党和政府一直将数字经济视为推动高质量发展的关键动力。党的二十大报告中再次强调了这一点,指出推动高质量发展的过程中需要"快速发展数字经济,加强数字经济与传统实体经济的深度结合,并构建在国际上具有竞争力的数字产业团体"。在当前经济形势下,数字化发展对于中小企业的重要性愈发凸显。它不仅有助于提升中小企业的生产和运营效率,提高盈利水平,还有助于缩小中小企业与大型企业之间的经济差距,促进共同富裕目标的实现。随着科技与互联网的飞速发展,数字化已成为中小企业适应市场变化、增强竞争力的关键。只有不断创新,中小企业才能在激烈的市场竞争中站稳脚跟,实现高质量发展。

第一节 数字赋能推动中小企业高质量发展现状

中小企业逐渐成为促进经济发展的重要力量,这些企业的成长不仅有利于提高经济质量,也有利于推动经济结构的优化和升级。同时,中小企业的壮大也为社会提供了更多的就业机会和创业机会,为人民群众的富裕生活提供了有力支撑。正如浙江省政府所强调的,实现共同富裕最终要靠市场主体强起来。市场主体强,浙江经济才能强起来,浙江老百姓才能富起来。因此,必须高度重视中小企业的发展,不断完善政策措施,为其提供更加优质的营商环境和发展条件,推动中小企业实现高质量发展。

一、浙江省中小企业发展的政策支持

中小企业作为浙江省经济发展的重要支柱,是推动经济迈向高质量发展的坚实力量,也是促进经济增长的强劲动力源,为浙江省的繁荣发展作出了重要贡献。浙江省统计局数据显示,截至2022年2月,浙江规模以上工业企业达到54299家,中小型企业占比98%以上。为了深入贯彻落实数字经济"一号工程",助力这些企业持续健康发展,浙江省政府出台了一系列政策措施(见表3-1),涵盖财政支持、税收减免、金融扶持、技术支持等多个关键领域。例如,2021年9月发布的《中小企业数字化赋能行动方案(2021—2023年)》、2022年7月发布的《推进细分行业中小企业数字化改造行动方案》。2023年11月,浙江省经信厅发布《关于进一步促进专精特新中小企业高质量发展的若干措施(征求意见稿)》,进一步推动专精特新中小企业实现量的合理增长和质的有效提升。除此之外,浙江省在关于"十四五"规划、数字经济发展、制造业发展等多项政策文件中提出针对中小企业的数字化建设目标和要求,凸显了中小企业发展在促进浙江省整体经济社会发展中的重要地位。这些政策的深入实施,为中小企业的茁壮成长提供了有力保障,进一步加快了浙江省经济高质量发展的步伐。

表3-1　　　　　　　中小企业数字化发展相关政策

时间	文件名称	相关政策内容
2019年4月	《浙江省人民政府办公厅关于开展"雏鹰行动"培育隐形冠军企业的实施意见》	实施数字化改造提升工程。加快推进中小企业数字化赋能改造提升,支持企业提高研发设计、生产制造、运营管理、市场营销等各环节的数字化应用水平。深入实施"企业上云"行动,到2022年实现50万家企业上云。分行业成批量推广中小企业智能化技术改造经验,推进智能制造单元、智能生产线、数字化车间、"无人工厂"建设。到2022年,隐形冠军及培育企业装备数控化率达到60%以上

续表

时间	文件名称	相关政策内容
2020年3月	《浙江制造强省建设行动计划》	依托工业互联网平台，支持大企业构建协同制造体系，支持中小企业便捷获取数字化服务。开展工业技术软件化行动。推动企业上云、深度用云。开展"雏鹰行动"，实施冠军企业培育工程，引导中小企业向"专精特新"方向发展。围绕供应链整合、创新协作、数据应用等产业发展关键环节，构建大中小企业协同发展新格局。支持中小企业公共服务平台和小微企业"双创"基地建设。鼓励国有企业引领、服务、支撑先进制造业发展
2020年11月	《浙江省数字赋能促进新业态新模式发展行动计划（2020—2022年）》	搭建中小微企业与平台企业、数字化服务商的对接机制，鼓励开发轻量应用和微服务。支持建设数字化转型公共服务平台，降低企业数字化转型门槛。开展浙江制造拓市场系列活动，推进跨境电子商务综合试验区和产业集群跨境电子商务发展试点建设，推动企业营销渠道数字化升级
2021年1月	《关于支持民营企业加快改革发展与转型升级的实施意见》	实施企业"上云用数赋智"行动和中小企业数字化赋能专项行动，布局一批数字化转型促进中心，集聚一批面向中小企业数字化服务商，开发符合中小企业需求的数字化平台、系统解决方案等，结合行业特点对企业建云、上云、用云提供相应融资支持
2021年4月	《浙江省小微企业三年成长计划（2021—2023年）》	推动数字化改造。实施"十百千万"智能化技术改造行动，推进5G、人工智能、物联网在小微企业的应用，支持小微企业建设智能生产线、数字化车间。组织开展数字化转型伙伴行动，建立小微企业和信息工程服务商对接机制，推行"上云用数赋智"服务。推进小微企业园数字化建设，提升园区数字化管理和服务能力
2021年6月	《浙江省数字经济发展"十四五"规划》	推动中小企业数字化转型。发挥工业互联网平台作用，为中小企业提供低成本、轻量化、模块化的数字化改造服务。建设数字化转型能力中心，支持龙头企业和平台企业开放资源和能力，为中小企业提供研发设计、生产制造、物流仓储、检验检测、技术咨询等服务支撑。推进园区数字化改造，实现园区管理服务数字化，赋能企业数字化转型

续表

时间	文件名称	相关政策内容
2021年7月	《浙江省信息通信业发展"十四五"规划》	到2025年,信息通信业规模进一步壮大,建成高速泛在、集成互联、智能绿色、安全可靠的新型信息通信基础设施,行业转型发展和融合应用达到新水平,成为浙江省争创社会主义现代化先行省、高质量发展建设共同富裕示范区的重要力量
2021年9月	《浙江省经济和信息化领域推动高质量发展建设共同富裕示范区实施方案(2021—2025年)》	推进小微企业园建设。完善绩效评价和星级评定标准,支持创建一批高星级园区和数字化示范园区。深入实施制造业产业基础再造和产业链提升工程,加快构建"头部企业+中小企业"产业链生态圈,深化落实"链长制",打造数字安防、集成电路、生物医药、新材料等标志性产业链等
2022年4月	《浙江省人民政府办公厅关于大力培育促进"专精特新"中小企业高质量发展的若干意见》	发挥省智能制造专家委员会等的作用,引导中小企业结合发展实际实施技术改造,加快建设一批"未来工厂"、智能工厂(数字化车间)。鼓励"专精特新"中小企业设立首席数据官,加强数字化人才队伍建设,提高数字化发展内生动力和能力
2022年7月	《推进细分行业中小企业数字化改造行动方案》	到2025年,实现重点细分行业中小企业数字化改造全覆盖,生产方式、业务模式、组织结构加速变革,数字化创新引领作用更加凸显
2023年1月	《浙江省促进中小微企业发展条例》	支持有条件的小微企业园实施数字化、智能化建设。支持大型企业建设适应中小微企业需求的工业互联网平台,开放平台入口,共享数据资源,带动产业链供应链上下游中小微企业协同开展数字化转型等
2023年8月	《浙江省促进民营经济高质量发展若干措施》	强化中小企业数字化改造支持。积极争取中小企业数字化转型城市试点。持续完善支持数字化服务商参与中小企业数字化改造的政策,培育一批面向中小企业的数字化服务商,加大对中小企业数字化改造相关软件、硬件投入奖补力度,助力企业提质降本增效

二、浙江省中小企业数字化发展现状

如今,数字经济在浙江蓬勃发展,发挥着极为关键的作用。据 2023 年 3 月 31 日浙江省数字经济创新提质"一号发展工程"大会的消息,2022 年浙江全省数字经济规模预计达 4 万亿元,同比增长 12%,高于浙江省生产总值增速约 9 个百分点。2022 年杭州数字经济核心产业实现营收 16393 亿元,增加值 5076 亿元,占全市生产总值的 27.1%,拥有 2 家千亿级企业和 19 家百亿级企业,电商平台交易额全国第一。杭州已与北、上、广、深共处全国数字经济第一方阵,成为浙江省数字经济产业高地,走在全国的前列,被称为"领头羊"和"风向标"。[①]

中小企业的发展关乎浙江省经济脉搏。早在 2006 年,浙江就提出中小企业"七化战略",即专业化、精细化、高新化、集约化、信息化、品牌化和国际化,引导中小企业往"专精特新"方向发展。2013 年开始,浙江率先开展"个转企、小升规、规改股、股上市"工作。2016 年起,浙江创新开展省级"隐形冠军"企业培育。2020 年,浙江率先出台全国首部创制性法规《浙江省民营企业发展促进条例》。2022 年 4 月,《浙江省人民政府办公厅关于大力培育促进"专精特新"中小企业高质量发展的若干意见》发布,浙江省持续加大对"专精特新"企业培育支持力度。2022 年,浙江省经信厅在全省组织开展"十链百场万企"系列对接活动。通过省市县联动,全年共举办 136 场活动,参与企业数达 1.7 万家,其中龙头企业或链主企业 1616 家,专精特新企业 1109 家,累计对接订单 862 亿元,融资 2138 亿元,对接工业项目数 847 个,对接专

---

① 俞则忠,俞佳浩. 浙江企业数字化发展探索[EB/OL]. (2022-08-24)[2024-12-26]. https://baijiahao.baidu.com/s?id=1775707579813827949&wfr=spider&for=pc.

业人才2157人。① 浙江多措并举凝聚多方合力，为企业向"专精特新"发展注入了新动能。截至2024年一季度，浙江已累计培育专精特新"小巨人"企业1432家，数量居全国第三，认定省级专精特新中小企业12167家，评价创新型中小企业28553家。②

然而，相对于大型企业而言，中小企业在数字化转型中面临着诸多现实难题。中国电子技术标准化研究院发布的《中小企业数字化转型分析报告2021》指出，79%的中小企业仍处于数字化转型的初步探索阶段，12%的企业处于应用践行阶段，达到深度应用阶段的企业仅占9%。大多数企业正处于从信息化管理向数字化运营进阶的过程中，根据业务需要导入各类信息系统，形成"模块性质的系统"，彼此间没有打通，缺乏系统性规划，在企业内部形成了"信息孤岛"。只有为数不多的头部企业正在致力于供应链全过程的信息协同、可视化能力建设，并逐步向外输出其数字化转型的成果。这说明中小企业的数字化转型仍有阻力，进展较慢。

三、中小企业数字化发展面临的挑战

在新时代下，数字经济为中小企业提供了强大的助力。数字化转型已成为中小企业高质量发展的必然趋势。然而，在追求数字化转型以实现高质量发展、推动共同富裕的过程中，中小企业面临诸多困境和难题。这些问题亟待关注和解决，以便中小企业能够更好地适应时代发展潮流，充分受益于数字经济。

（一）对数字化发展的认知不足

很多中小企业没有充分认识到数字经济时代加快转型发展的必要性，

---

① 2023年浙江省"十链百场万企"系列对接活动正式启动［EB/OL］.（2023-04-12）［2024-12-26］. https：//jxt.zj.gov.cn/art/2023/4/12/art_1229634314_58930342.html.

② 郑亚丽，梁化乔. 浙江进一步支持专精特新企业发展［EB/OL］.（2024-07-02）［2024-12-26］. https：//www.gov.cn/lianbo/difang/202407/content_6960567.htm.

对企业未来发展规划的认识不足，在推进企业数字化转型发展方面的积极性较低。数字化转型需要较长的周期，而中小企业的生命周期一般较短，加之我国中小企业数量众多、类型不一，在数字化转型发展过程中面临的问题各不相同，对企业转型升级的能力提出了较高要求，也在很大程度上降低了中小企业参与数字化转型的积极性。领导层对数字化转型的模糊或片面认知也是中小企业开展数字化转型的障碍。此外，很多中小企业对数字化转型可能带来的风险感到担忧，使得它们在数字化转型方面推进缓慢。

（二）数字化转型的资金压力

在数字化转型过程中，中小企业不仅需要在硬件层面投入大量资金，采购包括高性能计算机、云计算服务、大数据分析平台等在内的先进数字化设备与软件，还需要斥巨资聘请或培训一批掌握先进数字化技能的专业人才，如数据分析师、IT运维人员、数字化营销专家等，以将这些技术深度融合至企业的日常运营中，实现业务流程的自动化、智能化改造。然而，与大型企业相比，中小企业普遍存在着资金受限、融资难等问题，难以在短期内筹集到足够的资金来支撑整个转型过程。同时，数字化转型的回报周期相对较长，进一步加剧了中小企业的资金压力，使得它们在转型之路上步履维艰。

（三）数字化转型的人才短缺

数字化转型要求企业变革传统运营模式和管理方式，这可能涉及组织结构、流程和文化的深度变革，实施难度较大。大部分中小企业缺乏高级数字人才，没有建立或缺乏实力建立数字化人才培养体系，无法满足企业各个环节的实际实践需求，制约了数字化转型升级速度。同时，中小企业存在吸纳数字化人才困境，面临招不来、用不起、留不住人才的难题。

(四) 数字化转型相关法律法规不完善

中小企业在推进数字化转型的过程中，面临数据安全、隐私保护、数字化产权等一系列法律层面的挑战。例如，数据安全与隐私保护的法律框架不完善，使企业在处理敏感数据时面临较大的风险。同时，知识产权保护相关的法律法规不健全，使企业在创新过程中难以有效维护自身权益。此外，当前法律体系往往缺乏针对中小企业数字化转型的具体法律支持，导致企业在面对法律挑战时难以找到有效的解决途径。

数字化转型对于中小企业而言既是挑战也是机遇。中小企业需积极应对，通过持续的技术创新、管理优化等，不断突破自我，实现数字化转型的深化与突破。同时，政府、行业协会及社会各界应携手合作，为中小企业提供更为全面、精准的政策支持与服务保障，营造有利于中小企业数字化转型的环境，促进中小企业的数字化、可持续发展，助力整个社会的经济繁荣与稳定。

第二节 中小企业数字化发展路径

本节主要从中小企业数字化发展的关键因素识别、中小企业视角下的数字化发展路径来展开讨论。同时，探讨保障中小企业数字化发展的外部支持，以应对中小企业数字化发展面临的巨大挑战，帮助中小企业在数字化转型过程中少走弯路、提高效率、实现可持续发展。

一、中小企业数字化发展关键因素识别

接下来，将从意识、人才、数据、管理、服务、产业六个方面展开讨论，并阐述这些因素对于中小企业数字化发展的重要性（见图3-1）。

图3-1 中小企业数字化发展框架

01	增强数字化意识，企业可以更好地理解市场需求、提升产品品质、优化生产效率
02	提供有力的人才支撑，更好地应对数字经济的挑战，抓住数字经济发展的机遇
03	解决数据孤岛问题，实时洞察市场趋势、了解客户需求、优化产品设计，进而实现精准营销和精细化管理
04	提高整体运营效率，提升中小企业的管理运营水平，提高其抗风险能力
05	打通中小企业与市场之间的信息和链接壁垒，提升消费端服务满意度和市场竞争力
06	可以共享资源、降低成本、提高效率，促进产业链的优化升级和价值增值，实现可以持续发展

中小企业数字化发展路径：意识、人才、数据、管理、服务、亦才

（一）数字化意识是转型的起点

中小企业必须在意识层面深刻理解数字化转型的紧迫性和重要性。在数字化时代，企业的竞争已不再局限于传统的生产和销售领域，数据驱动的创新和效率提升至关重要。中小企业若不能及时跟上数字化的步伐，将面临被市场边缘化甚至淘汰的风险。因此，中小企业需要将数字化转型提升到战略高度，从组织、管理、文化、技术等方面全方位地进行数字化改革，以使企业能够在快速变化的市场中保持竞争力。

（二）人才是数字化转型的关键

中小企业需要建设一支具备数字化技能和素养的专业团队，掌握数字技术、培养数字化思维、积累数字化实践等，以推动数字化转型的进程。通过人才引进和培养，不断提升自身的核心竞争力，实现持续发展和创新。

(三) 数据是数字化转型的核心

数据的搜集、整理、分析和应用不仅是企业数字化转型的基础，也是推动企业持续创新的动力源泉。企业可以通过数据实时了解市场趋势和客户需求、优化生产运营，提高精细化管理能力。同时，数据更便于评估数字化转型的效果，为进一步决策提供有力支持。

(四) 管理是数字化转型的保障

中小企业需要制定科学、合理的管理制度，包括数字化战略的制定、计划的实施、监控以及效果评估等，以保障数字化转型的顺利进行。同时，还应注重对员工的数字化培养以及数字化人才的引进和激励等，以提升整个企业的数字化能力，促进数字化技术的应用，确保数字化转型目标得以实现，提高整体运营效率和管理水平。

(五) 服务是数字化转型的灵魂

中小企业需要将数字化技术应用到客户服务中，以提升客户体验和服务质量。通过提供个性化体验、优化资源配置、增强市场响应能力、提高服务效率以及基于数据的决策支持等数字化服务，不仅能改善客户的直接体验，还有助于提升企业的内部运营效率和市场竞争力。

(六) 产业是数字化转型的基石

中小企业需要敏锐洞察整个产业的发展趋势，积极融入数字化生态圈，与上下游企业共同推动产业的数字化转型，并通过产业协同合作、资源共享来降低成本、提高效率。

二、中小企业视角下的数字化发展路径

中小企业应根据自身特征和发展需求制定数字化发展战略规划，通

过树立数字化转型意识、培育专业人才队伍、构建高效信息系统、强化数字化管理、提升客户服务体验、加强产业协同合作等，使企业更好地适应数字化时代的发展要求，增强市场竞争力，实现可持续发展。中小企业数字化发展路径的框架如图3-2所示。

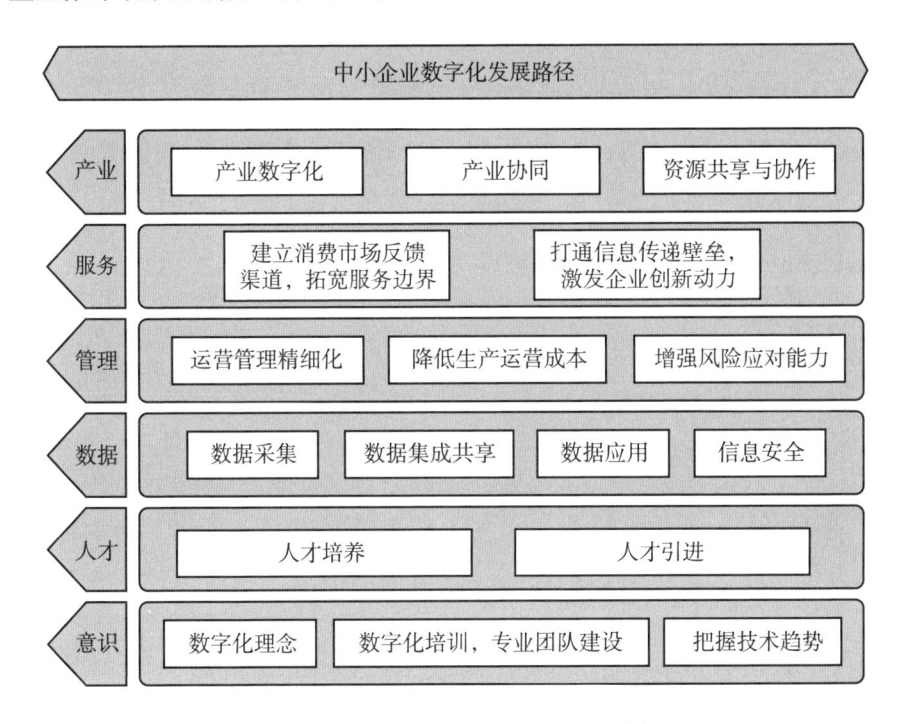

图3-2 中小企业数字化发展路径

（一）培育数字化思维，强化中小企业数字化转型意识

在数字化时代背景下，中小企业培育数字化思维和强化转型意识变得尤为重要，这不仅能够帮助企业顺应国家政策导向、降低转型成本，还能提升市场竞争力、优化内部管理等，从而在激烈的市场竞争中占据有利地位，更好地促进发展。

（1）引入数字化理念。中小企业应积极引入数字化管理理念，将数字化转型纳入战略高度。通过学习数字化管理理论、参加数字化培训等方式，提高企业主要管理人员的数字化素养，增强中小企业的数字化转型意识。

（2）加强数字化培训，构建专业团队。通过数字化培训，提高员工的数字化技能和意识。建立专门的数字化团队负责企业的信息化和数字化转型建设。团队成员可以通过参加培训、分享经验等方式，提高自身的数字化能力和素养，为企业的数字化转型提供有力支持。

（3）紧跟行业动态，把握技术趋势。鉴于云计算、大数据等技术的迅猛发展，中小企业需时刻关注行业动态和发展趋势，及时了解前沿数字化技术和应用，以便及时调整自身的数字化战略。关注人工智能、物联网等技术的发展，探索其在行业中的应用和前景，并通过行业交流和专业咨询，进一步提升企业的数字化素养，加速企业数字化转型的步伐。

（二）培养数字化人才，为中小企业提供技术支撑

在当今时代，发展数字经济已成为各国竞争的主战场，数字技术、数字产业是当今世界科技创新和经济发展的前沿，知识和技术含量高，要想在竞争中取胜，人才的作用不可或缺。然而，当前数字人才的数量远不能满足数字经济发展需要，数字人才缺口巨大，必须充分认识到人才在数字经济发展中的重要性，特别是中小企业。

（1）建立产学研合作机制。企业应积极与高校、科研院所建立产学研联合培养机制，共建实验室、实习基地等，实现数字人才培养的贯通式、系统化发展，使企业能够获得理论素养和实践技能兼备的高素质数字人才，以支持企业的数字化转型和数字经济发展。

（2）人才培养模式创新。企业可以根据自身需求与高校、职业院校等合作，定制化地培养符合企业需求的数字人才。丰富培养形式，如线上线下相结合、外部合作培养、导师制、学徒制等，形成数字化发展与数字人才培养的良性循环。

（3）数字技能培训合作。企业可以与培训机构合作，开展数字技能培训课程，提高员工的数字化思维和数字技能，以适应数字化转型的需求。同时，不断完善数字技能培训课程体系，提高数字人才培养的针对性和有效性，为企业数字化转型提供持续有效的支撑。

（4）数字化人才引进。中小企业需要明确数字化转型过程中对人才的具体需求，优化招聘流程，建立评价体系，利用政府提供的政策支持和财政税收优惠降低引进人才的成本，建立适应数字化转型的人才队伍。

（三）提升数据管理能力，助力中小企业科学决策

实现数据的全面整合和共享，破除信息孤岛，成为企业数字化转型中的一项重要任务。中小企业可以从数据采集、数据集成共享、数据应用、信息安全四个方面入手，实现数据的自由流动和高效利用。

（1）数据采集。制订合理的数据采集方案，确保采集的数据与需求紧密相关，避免无用或者冗余的数据。在采集数据的过程中，保证数据的准确性、完整性和一致性，清洗和纠正重复、错误和缺失的数据，确保数据的可信度和可用性。

（2）数据集成共享。企业需制定统一的数据结构标准，确保企业内部不同部门、不同系统之间的数据能够进行有效交换和共享。同时，兼顾供应链、产业链及其他有数据交换和共享需求的主体，避免数据结构多样性、不规范等问题导致的整合难题。建立信息共享平台，促进信息的在线交换和集成共享。同时，建立有效的组织协调和沟通机制，确保不同部门之间能够进行有效的协作和信息共享，避免因为沟通不畅、合作不足等问题导致的孤岛现象。

（3）数据应用。实现业务、管理等的数据化，将信息转化为数据，减少人为因素导致的错误，降低不确定性。建立数据仓库，将多源数据

进行整合和存储，使其便于进行数据分析和应用。实现数据可视化，让数据以更加直观的方式呈现出来，帮助用户更好地理解和应用数据。加强数据挖掘和分析，发现数据背后的规律和趋势，为决策提供更加准确和全面的支持。

（4）信息安全。加强员工信息安全意识培训，提高员工对信息安全问题的认识和重视程度。实施访问控制和权限管理，确保不同用户只能访问其所需的数据和系统，减少因操作不当和滥用导致的风险。建立一套完整的信息安全管理体系，包括信息安全策略、安全标准、安全审计等，确保信息安全得到有效的管理和保障。加强数据加密和隐私保护，避免数据泄露和滥用。定期进行安全审计和漏洞扫描，及时发现和处理安全问题，避免安全漏洞被利用。

（四）加强管理数字化，促进中小企业高效经营

很多中小企业经营模式单一，人力资本水平较低，组织管理形式较为粗放。而管理数字化可以通过计算机、网络和数字通信等先进数字化技术及工具量化管理对象和管理行为，实现企业研发、计划、执行、生产、协调和销售等全过程的管理，有助于提高中小企业的运营水平和效率。

（1）运营管理精细化。数字化转型使企业能够通过数字化手段整合前端业务、生产制造和后端经营管理，实现基于数据的信息化分析和决策。中小企业在订单管理、财务管理和人力资源管理等容易实现数字化管理的场景内，可以根据自身生产经营情况，借助云平台和数字化管理系统简化管理流程、提高管理精度和业务效率。

（2）降低生产运营成本。管理数字化使管理者能够全面掌握业务流程，实现全过程监管和控制，发现并优化经营中的冗余环节，降低成本。例如，数字化转型后，可以减少人员需求，降低人力成本；无纸化业务

减少办公耗材需求，降低办公和管理费用；管理者能够实时查看各项数据，动态掌握企业信息，摆脱传统成本控制的局限等。

（3）增强风险预测和应对能力。数字化系统能够捕捉行业或市场风险的早期信号，如原材料价格、采购周期、订单数量等变化，使管理者能够迅速感知并应对风险。在管理数字化的灵活性和精细化管理优势下，通过精细化管理资产、生产、订单和仓储，有助于降低行业风险带来的损失。同时，管理数字化还能与产业数字化对接，形成产业链数字化网络协作，提升中小企业的风险抵抗能力。

（五）重视服务数字化，拓宽中小企业市场边界

服务数字化是企业通过数字化技术和工具，以提升消费端服务满意度和市场竞争力为目标建立从生产端到消费端的全网络数字化服务体系。但是，很多中小企业与产业链下游消费市场关联程度较低、缺乏有效市场信息反馈渠道、产品市场推广存在困难，制约了中小企业市场规模的扩大和市场创新能力的发挥。服务数字化能够打通中小企业与市场之间的信息壁垒，扩宽市场边界、激发创新动力。

（1）建立市场反馈渠道，拓宽服务边界。中小企业通常处于产业链中上游，负责产品生产、加工和销售，往往未能建立起畅通有效的消费者服务调查和反馈渠道，导致对市场需求的变化不敏感。服务数字化有利于中小企业通过连通生产端和消费端，改变传统产业链生产驱动、供给导向的价值创造模式，转向消费导向和用户为主的生产方式，在减少无效供给的同时拓展市场边界。例如，一些中小企业通过"抖音""快手""小红书"等新媒体平台，采用直播带货的方式从产业中游的生产、加工、代工等环节，延伸至下游消费市场，逐步建立起自己的销售渠道和产品品牌。

（2）打通信息传递壁垒，激发企业创新动力。一方面，中小企业通

过服务数字化与产业链下游消费市场紧密连接的过程中,能够捕捉市场需求和最新动态,催生一系列创新业态和商业模式,使中小企业能够从竞争激烈的现有市场转向新的市场,实现差异化竞争和价值创造。另一方面,中小企业中的专精特新企业,凭借其专业化、精细化、特色化和新颖化的优势,在服务数字化的助力下,能够更有效地展示和推广其特色产品和服务。

(六)推进产业数字化,提升产业链协同效能

产业数字化通过融合数字化技术,对整个产业进行全面智能化和网络化升级,实现实体经济与数字经济的深度融合。这一过程不仅提升了产业链资源整合、再造和协同效率,还推动了产业链的优化升级和价值增值。中小企业数量众多、规模较小,经营管理能力相对较弱,且与产业集群内其他企业的联系不够紧密。这些因素限制了中小企业在产业协同中的优势发挥,影响了它们的持续发展,而产业数字化的推进为中小企业提供了新的发展机遇。

通过打造产业集群内大中小企业联动的环境,降低产业链上中下游的信息成本,中小企业可以利用数字化带来的信息优势和协同效应,获得更多的发展机会。通过与中大型企业建立联系,进行资源共享与合作,中小企业可以拓宽产品销售渠道、减少库存积压,及时掌握市场和产业政策的最新动态。同时,中小企业还可以充分发挥自身规模小、灵活性高的比较优势,及时调整和优化生产经营策略,提高生存能力以及产业链资源配置效率。

三、中小企业数字化发展的外部保障

中小企业的数字化发展既要从企业层面立足自身特征和发展需求选择合适的数字化发展路径,也需要寻求政府、金融机构等外部支持,以

解决资金、技术、人才等方面的数字化发展难题。

（一）政府支持

政府可以通过各种渠道，包括媒体、会议、论坛等，积极宣传数字化转型的重要性和必要性，提高中小企业的数字化转型意识。同时，政府还可以通过举办数字化转型培训班、专题讲座等形式，帮助中小企业了解数字化转型的具体方法和实践经验。同时，选取一些成功实现数字化转型的中小企业作为示范标杆，分享其经验，为其他中小企业进行数字化转型提供切实可行的转型思路和方法。此外，政府还可以出台一系列针对性政策，积极鼓励中小企业开展数字化转型工作。对于那些在数字化转型方面成效显著的企业，给予相应的奖励或优惠政策，从而激发其他中小企业的转型动力与积极性，推动其数字化转型工作。

（二）金融支持

推动金融数字化工作，实现金融机构、政府和企业之间的数字化互联对接，发挥数字经济优势提高金融业务审核效率，降低金融机构风控成本，进而降低企业综合融资成本，缓解中小企业面临的"融资难、融资贵"等问题。

促进金融机构与中小企业之间的数字化对接，减少金融机构和中小企业之间的信息不对称，降低金融机构风控成本，帮助中小企业获得融资支持。以往中小企业没有足够的数据支持，金融机构难以对其发展及偿债能力作出评估，导致提供贷款的动力不足。通过促进中小企业与金融机构的数字化对接，金融机构更容易获取中小企业的生产经营、工商、财务、司法、税收等方面的基础数据，快速、准确评估中小企业的基本情况、发展状态和面临风险等内容，使金融机构能够更高效地确定中小企业授信等级并给出可融资数额和对应融资方案。

提高融资效率、降低融资成本。改进金融机构的工作流程和工作方式，简化传统面对面融资业务流程，减少金融机构和中小企业在融资场所、人员和管理运营方面的支出，降低中小企业的融资成本。例如，采用无纸化和智能化方式处理业务，提高融资效率，使中小企业的资金需求能够得到更快的响应。

扩大金融服务普惠范围。突破传统金融服务的管理范围和成本约束，通过云平台、加密计算和区块链等数字化技术连接更多的融资相关方，使政府、金融机构和中小企业之间的联系更加便捷、紧密，政府关于中小企业的支持政策精准化下放，中小企业自主寻求融资对象的工作流程和信息搜寻匹配时间和成本得到降低。

（三）人才支持

从政府层面为中小企业数字化人才的引进与培养提供有力支撑。首先，制定专项人才政策，明确海外高技能数字人才的引进范围、条件及待遇，给予税收优惠、住房补贴等，降低企业引才成本。其次，设立中小企业数字化人才专项资金，支持中小企业引进和培养数字化人才，以减轻企业资金压力。

构建完善的人才培养与引进体系以满足中小企业数字化转型的人才需求。一方面，深化校企合作，推动高校根据企业需求调整专业设置和课程体系，培养应用型人才；另一方面，搭建人才引进平台，整合全球人才资源信息，提供人才搜索、推荐、引进等一站式服务，加强与海外高校、科研机构、行业协会合作，定期举办人才交流活动，吸引海外优秀数字人才来华发展，拓宽中小企业的引才渠道，让企业能够在全球范围内寻找合适的人才。

搭建人才交流平台，常态化举办中小企业数字化转型交流活动，加强人才之间的沟通与合作。通过交流活动分享经验和见解，相互学习借鉴，共同探讨中小企业数字化转型的热点难点和解决方案，拓宽思路，提升创新能力。推动人才资源共享，鼓励企业之间、企业与高校、科研机构之间开展人才资源共享合作，打破人才流动壁垒，实现人才资源的优化配置。

第三节 中小企业数字化发展实践探索

数字化转型既是中小企业实现高质量发展的必然趋势，也是提升竞争力，实现可持续发展的关键。然而，中小企业在数字化转型实践中面临意识、人才、数据、管理等方面的难题，需要根据自身的特点和需求，选择适合的数字化发展路径。接下来将从研发设计数字化、生产制造智能化、供应链数字化协同以及数字化技术服务输出等方面介绍中小企业数字化转型实践（如图3-3所示），为其他中小企业数字化发展提供借鉴。

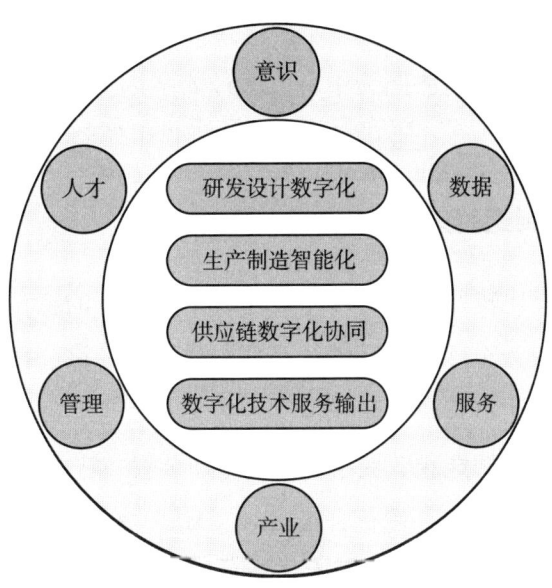

图3-3 中小企业数字化发展实践

一、研发设计数字化

H 公司通过引入专业 3D 建模平台及配套软件进行面料与服装 3D 建模,开发存贮并应用数字化资源。高仿真建模能力使得 3D 样衣与实体样衣具有相同的视觉效果,也使得更多客户愿意接受使用 3D 高仿真数字样衣替代实体样衣。通过云端,该公司的业务员、设计师等相关人员能够与客户进行高效的协同工作,大幅降低了多次打样和反复来回运输所产生的时间和金钱成本,提升了研发迭代效率,降低了成本,显著增强了公司在同行中的竞争力。通过引入 3D 数字化技术服务,公司成功将其传统设计中心升级转型为数字化设计中心,将服装设计周期由原来的 1~2 周缩短至仅 8 小时,单品出样周期缩短了 80%,服装研发设计协同效率提升了 300%。

该公司运用 3D 建模和云端协同,实现服装设计流程的数字化重构,提高了研发设计协同效率,降低了成本,提高了营业额。该公司的数字化实践聚焦核心业务的数字化,借力外部技术平台快速补齐能力短板,降低试错成本;以客户协同为中心,通过数字化工具提升服务响应速度和效率,为同类型中小企业的数字化转型提供了借鉴。

二、生产制造智能化

B 公司数智化转型的规划目标是建成中国一流的特种油品细分领域的龙头企业,成为全球特种高端油品原料供应商。该公司以技术优化为出发点,致力于生产智能化,积极进行数字化管理实践。结合未来工厂建设,新购置一批智能化、数字化石化生产装置、智能物流一体化系统、关键智能控制软件系统,优化升级 ERP、MES、CRM、SCM 等工业管理软件,建设工厂 5G 专网,率先在石化领域引进数字孪生技术,在全工厂进行智能化、数字化改造,为行业智能化工厂建设树立典范。

根据浙江省经信厅发布的《"未来工厂"建设导则》,未来工厂是指广泛应用数字孪生、人工智能、大数据等新一代信息技术革新生产方式,以数据驱动生产流程再造,以数字化设计、智能化生产、数字化管理、绿色化制造、安全化管控为基础,以网络化协同、个性化定制、服务化延伸等新模式为特征,以企业价值链和核心竞争力提升为目标,引领新智造发展的现代化工厂。未来工厂深度融合新一代信息技术和先进制造技术,以数据驱动生产方式和企业形态变革,引领模式创新和新兴业态发展,促进企业从"制造"向"智造"转变,为中小企业数字化发展、高质量发展提供了重要指引。

R公司作为国内汽车铝铸造关键零部件企业,依靠自主研发掌握了多种铸造工艺,并积累了丰富的研发经验。为了进一步提高生产和经营管理效率,降低企业运营成本,R公司在汽车铝合金零部件的研发和制造方面建立了自主全链条服务优势,并在此基础上打造了一个面向全业务流的大数据工业互联网平台。该平台利用大数据和互联网技术实现了设备联网、数据采集以及PLM/ERP/MES/EAM等智能系统的集成管理。通过这种集成管理,公司能够构建产品销售反馈闭环系统,根据销售状况逆向调整产品生产,从而提高市场响应效率。此外,公司还打造了协同创新平台,与下游紧密融合,形成了跨平台、跨区域的互联互通,推动了制造服务体系的智能化,提高了生产效率、降低了成本、优化了资源配置,为公司的持续发展提供了强有力支持。

R公司基于工业互联网平台,依托并行服务设计、协同设计和制造、网络化制造等先进制造技术和模式,建设智能绿色工厂、打造智能制造新模式,实现了服务型制造模式的转变。生产制造的数字化、智能化发展也是中小企业提高企业运营效率,增强市场竞争力,实现绿色、可持续发展的重要途径。

三、供应链数字化协同

J公司在供应链协同平台方面取得了显著成效。J公司开放客户查询和跟踪合同订单的生产制造过程，积极推进与上游供应商的协同管理，建立了集采购、合同、订单、物流和品质管理等功能于一体的信息交互渠道，不仅提升了合作效率，还实现了公司与供应商、客户之间的共赢局面。

Y公司在供应链协同方面采取了多项创新措施，以提升整体运营效率和市场竞争力。在与上游供应商的生产协同方面，合作定制开发了供应商管理平台，用于采购订单、标签、检验报告等操作。进行供应商品质协同，把RicheerQMS系统部署在公有云端，开放给主要材料供应商，更有效地管理供应商关系，确保供应链的高效运作。在企业内部，搭建可视化数据集成平台，打破企业内部信息孤岛，采用数据仓库进行大数据分析，实现工厂生产过程的透明化。Y公司还注重与顾客的协同，通过开发客户档案App，公司实现了与客户的紧密协同，将销售订单号与客户产品质量计划、生产信息、检验信息等关联起来。

J公司和Y公司都在供应链数字化协同建设方面积极推进与上游供应商、客户之间的数字化交互、管理与维护，不仅提高了企业自身的运营效率，还有助于促进整个供应链生态的良好运作。在面对外来因素影响时，这种协同互补的关系能够及时形成应对机制，有效避免产品供应的"卡脖子"问题，有助于增强整个供应链的韧性和抵御风险的能力，对于企业的持续健康发展具有重要意义。

四、数字化技术服务输出

一批专注行业赋能的数字技术服务商成为中小企业数字化转型的关键推动者。C公司基于自主研发的智能生产操作系统，推出了专为中小微模具企业量身打造的模具工业互联网平台。该平台提供全生命周期进度管理、智能动态生产排程、产业链金融等服务，旨在解决模具企业普遍面临的全流程生产管理和产业链协同制造方面的难题。通过建立产业指挥数据链，实现了模具企业与上下游外协厂之间的数字化信息共享，使得订单可以通过工业 App 在线下发和派送，大大提高了信息交互效率。同时，排产信息的共享和实时追踪功能有效避免了外协进度的延误，确保了模具交货期的可控性，并在保证外协品质的前提下显著降低外协成本，最终实现协同制造目标。

L 公司是一家国家高新技术企业，专注于 3D 柔性体仿真技术的研发，通过技术创新，赋能传统服装企业转型升级。公司构建的时尚产业链 3D 数字化服务平台，从研发设计环节切入，为服装企业提供全产业链数字化服务，打通从数字化研发设计到智能化生产制造的技术壁垒。L 公司致力于成为国际领先的时尚全产业链数字化服务平台提供商。

这类企业为中小企业数字化发展提供"小而精"的解决方案，能有效破解技术门槛高、资源有限的共性难题，为中小企业数字化转型提供强有力的支持。

第四章

数字赋能推动文旅产业繁荣的路径与实践

文化是共同富裕的内在本质属性,文化和旅游在促进共同富裕过程中发挥着重要作用。随着数字经济的蓬勃发展,数字技术对文旅产业融合发展的影响越来越广泛、越来越深刻,已成为推动文旅产业迈向高质量发展的重要手段。浙江省率先打造新时代文化高地,线上文博、智慧旅游产品和服务、沉浸式体验等新业态、新模式迅速崛起,为传统的文旅产业转型升级不断注入新的动力。与此同时,浙江省积极探索文旅数字化与乡村文化振兴相结合的发展模式,探索乡村文旅产业新业态,丰富人民群众的物质生活和精神文化生活,努力开创乡村经济发展、文化繁荣的新局面。本章重点从文旅产业数字化新趋势、文旅产业数字化助力乡村振兴发展等视角梳理和总结数字技术赋能文旅产业的路径和实践经验。

第一节 文旅产业数字化的内涵、挑战与新趋势

以数字技术为重要驱动引擎的第四次科技革命正推动文化和旅游产业向数字化、智能化方向发展。近年来,我国高度重视文旅产业数字化发展。国务院印发的《"十四五"旅游业发展规划》明确提出,加快推进以数字化、网络化、智能化为特征的智慧旅游,深化"互联网+旅游",扩大新技术场景应用。文化和旅游部印发的《"十四五"文化和旅

游发展规划》提出，推进文化和旅游数字化、网络化、智能化发展，深化"互联网+旅游"。在此背景下，系统深入探讨文化数字化的内涵和挑战，具有重要的理论意义和实践价值。

一、文旅产业数字化的内涵

文旅产业数字化是一个较新的术语，通常指的是通过互联网、移动设备、社交媒体等数字渠道，将文旅资源、服务、营销等各个环节进行数字化升级和改造，以提供更好的用户体验和服务质量。本质上，它是传统的文化产业和旅游产业利用数字技术对业务进行升级，进而提升生产的数量以及效率的过程。

从发展历程来看，文旅产业数字化随着数字技术的发展不断变化，大致经历了旅游电子商务、在线旅游、创意旅游、智慧旅游、数字旅游和数字文旅等不同阶段。前期主要运用互联网等信息技术将传统文旅产业线上化，随着5G、物联网、区块链、大数据、云计算、人工智能、虚拟现实等为代表的数字技术快速发展，文旅产业开始逐渐衍生出数字化智慧化的发展形态。

在文旅数字化、智慧化形态下，数字技术发挥着核心技术支撑的作用，它既承载着数字文旅，又融入了数字文旅。一是文旅产品和内容的数字化，也就是文化介质和旅游场景的数字化。数字文旅产品高度依赖数字技术，必须依托服务器、云平台、计算机、手机等数字媒介进行保存，同时也需要数字化的处理、存储和传输技术来赋能数字文旅产品的进一步生产、展现和传播。例如，中华民族文化资源库、中国非物质文化遗产大数据库等就属于此类。二是文旅产品体验的数字化，即运用数字技术手段来提供文旅产品和服务，如数字图书馆、数字博物馆等，在交互式虚拟场景中体验真实文化，使文化更加形象化、更易于理解。二是文旅创作和生产的数字化，它要求内容创作生产必须以数字思维推动产品创新，注重最新数字技术融入文旅产品生产与消费等全产业链条，实现文旅产品创作生产的网络化、智能化、数字化、生态化与平台化转型。四是文旅产品生产管理的数字化，就是说，企业生产技术、组织与管理必须全面创新，由以流程为主的线性化管理模式向以数据驱动的扁平化协同化管理模式转变。

文旅数字化为文旅产业的发展带来了更多的优势和机遇，具体表现为：

（1）更广泛的分享。用数字技术将大量文物、艺术作品、文旅资源数字化，借助网络平台，游客可以更加便捷地搜索、了解、观看相关文物和资源，这种广泛的分享方式使得珍贵的文物能够被更多人了解和认知，从而扩大了文旅产业的影响力和吸引力。

（2）更高效的交互。网络平台极大地提升了信息传输速度，让文旅产品交易、供求信息对接、内容分享等更加快速高效。这种高效的交互方式可以为游客提供更好的服务体验，同时也为文旅产业带来了更多的商业机会和投资潜力。

（3）更有质感的体验。通过人工智能、虚拟现实等技术让游客在购买前、旅游中都可以获得更好的体验，如云旅游、沉浸式演艺、沉浸式游乐项目等，同时也为文旅产业带来了更多的创新和机遇。

（4）更便捷的信息服务。通过互联网、App、微信、小程序等多种信息渠道，游客可以更方便地获取关于目的地的全方位信息，旅游出行更加便捷。这种便捷的信息获取方式可以提高游客的旅游质量和满意度，同时也丰富了文旅产业的宣传和推广途径。

二、文旅数字化的挑战

尽管我国文旅数字化已经进入高速发展的时期，但是依然存在基础薄弱、发展理念落后、体制机制不健全等多方面不同程度的挑战。

（1）数字基础设施薄弱。浙江已建成全国领先的数字基础设施，但各地、各部门基础设施建设缺乏统筹规划，共建共享程度偏低，存在盲目建设、重复建设、资源浪费等现象。数字基础设施在区域、城乡之间的分布不平衡不充分，尤其是在农村和偏远山区，5G、智联网等数字基础设施尚未覆盖。

（2）文旅数字化专业型人才匮乏。文旅数字化属于交叉领域，需要既懂数字化技术又熟悉文旅产业特点的复合型人才。目前，这方面的人才数量十分有限，综合能力普遍偏弱，多数人懂数字化但不熟悉文旅产业，熟悉文旅产业但不懂数字化。很多地区存在重引进轻培养、重数量轻质量等短视行为，尚未建立一套系统、科学、可持续的人才培养体系。

（3）文旅数字化的理念落后，甚至存在误区。文旅数字化绝不是为了表层酷炫的技术、华丽的场景，而是要以创新的思维寻求数字技术与文旅内容的深度融合。数字技术层出不穷，如果简单地把科技手段当作数字文旅发展的重心，势必会严重降低创新效率、增加运营成本，使文旅产业的数字化转型陷入困局。

（4）文旅数字化发展的体制机制不健全。文旅数字化发展涉及多个部门和领域，部门、领域、行业间的统筹协同机制尚未形成，适应文旅数字化发展的监管规范尚不成熟。例如，近年来引发消费者高度关注的消费者隐私保护问题、"霸王"条款、大数据杀熟、虚假宣传、低价陷阱等，这些顽疾长期未能得到较好的治理，存在不同程度的"监管盲区"。平台垄断、"数据孤岛"和"数字鸿沟"等问题长期存在，严重阻碍了文旅产业数字化的健康发展。

三、文旅产业融合

（一）文旅产业融合是必然趋势

文旅融合是指在两种或两种以上文旅产业或相关要素之间，通过彼此"身份认同"、相互适应、交叉渗透和整合重组而发生的交互作用与动态演化过程。文旅产业或相关要素通过平等互惠、优势互补和协同发展，逐步突破原有的产业边界或要素领域，形成新的文旅共生体或衍生新业态，从而实现文旅产业价值创新，并实现文化旅游性与旅游文化性的有机统一。随着全球化和数字化进程的加速，文化产业和旅游产业的融合已经成为产业发展的必然趋势。

首先，文旅产业融合有政策支持。党的十八大以来，党中央高度重视文化建设和旅游发展，对文化和旅游融合发展作出了一系列重要部署。2018年，国务院机构改革方案中通过整合文化部、国家旅游局的职责，重新组建文化和旅游部，作出推动文化事业、文化产业和旅游业融合发展的重大决策。2021年，国家"十四五"规划纲要提出，推动文化和旅游融合发展。坚持以文塑旅、以旅彰文，打造独具魅力的中华文化旅游体验。2022年党的二十大报告再次提出，坚持以文塑旅、以旅彰文，推进文化和旅游深度融合发展。此外，国家还出台了一系列政策措施，如文化产业发展专项资金、旅游发展基金等，为文旅产业融合提供了政策支持和资金保障。

其次，文旅产业融合可以满足市场需求。随着人们生活水平的提高，对于旅游的需求也日益增长。传统的旅游方式已经不能满足人们对于多元化、个性化的需求。人们更注重旅游过程中的文化体验和精神享受。因此，坚持以文塑旅、以旅彰文，推动文化和旅游在更广范围、更深层次、更高水平上融合发展，可以为消费者提供更丰富多样的文化体验和旅游体验，满足市场需求。

最后，文旅产业融合可以促进经济发展和社会进步。文旅产业融合可以促进经济转型升级、提升产业附加值、增强消费拉动作用、推动创新创业发展和促进区域协调发展，对经济发展的意义重大。文旅融合还可以促进不同地区之间的文化交流和互动，丰富人们的精神生活，提高人们的生活品质和文化素养，推动社会进步。

(二) 数字赋能文旅产业融合

文旅产业融合是数字化时代发展的必然趋势，也是实现经济高质量发展的关键举措。数字化技术的快速发展为文化产业和旅游产业的融合提供了强有力的支持。数字技术赋能文旅产业融合发展主要体现在以下几个维度（刘英基等，2023）。

(1) 数字技术可以提升文旅资源配置效率。数字化技术可以通过大数据分析和人工智能等技术，文旅企业可以更加准确地了解游客的需求和偏好，为游客提供更加个性化的服务，对旅游资源进行更加精准地分配和调度。基于智能化管理平台，可以实现文旅场所的自动化管理和监控，从而提高文旅产业的管理效率。数字化技术还可以提高文旅信息传播的效率，同时，数字化技术也可以实现信息的智能化推荐和个性化服务，提高信息传播的针对性和有效性。

(2) 数字技术促进文旅产业融合和要素结构升级。数据是重要的生产要素，数据资源赋能突破了文化与旅游的生产消费同步、结果无形与不可储存的记录障碍，提升文旅融合发展中的要素融合效率，降低了文旅融合发展的要素结构升级门槛。数字经济在提供数字设施、数据资源等新型生产要素的同时，也促进了文旅融合发展要求的设施设备、技术等要素智能化，促进了文旅融合发展的要素结构升级，为文旅融合高质量发展注入了持续动力。

(3) 数字技术加速了文旅产业融合产品与服务的迭代创新。在文旅融合的过程中，新产品与服务的开发和创新是非常重要的环节。这些新产品和服务不仅需要满足消费者的需求和期望，还需要具有独特性和吸引力。数字技术的快速发展，如人工智能、大数据、云计算、虚拟现实、增强现实等，为文旅融合产品与服务的创新提供了强有力的技术支持。

这些技术使文旅企业能够更好地理解游客的需求，提供更为精准和个性化的服务，同时也为文旅产品的设计和开发提供了更多的可能性。

（4）数字技术推动了文旅产业融合新业态高品质成长。数字技术可以实现文化和旅游的全方位、多角度、全链条的改造，为文旅融合发展的新业态价值链整合提供新契机。在数字经济时代，互联网、大数据、人工智能等技术的应用使得文旅产业的发展模式向"互联网＋""＋互联网""文旅＋科技""智慧文旅"等新业态模式转变，并实现新业态的持续高品质成长。数字经济赋能可以促进资源、要素、产品、服务的整合与重塑，推动文旅融合发展形成新业态及其价值链的高品质发展。

四、浙江省文旅产业数字化发展历程

（一）文旅产业数字化是国家战略规划

党的十八大以来，我国国家层面关于文旅产业数字化的主要政策及内容如表4-1所示。这一系列政策措施，从顶层设计层面阐释了文旅产业向数字化转型的必要性，顺应了居民消费升级需求和行业数字化转型的趋势，为新兴文化和旅游业态规范发展提供了基本遵循。

表4-1　　　　　　　　文旅产业数字化相关国家政策

时间	文件	出台部门	相关内容
2017年3月	《2017年政府工作报告》	国务院	数字经济首次写入政府工作报告。提出推动"互联网＋"深入发展、促进数字经济加快成长，让企业广泛受益、群众普遍受惠
2017年4月	《关于推动数字文化产业创新发展的指导意见》	文化部	促进优秀文化资源数字化。实施数字内容创新发展工程。开发具有鲜明区域特点和民族特色的数字文化产品。依托文化文物单位馆藏文化资源开发数字文化产品

续表

时间	文件	出台部门	相关内容
2019年8月	《关于促进文化和科技深度融合的指导意见》	科技部、中央宣传部等	以数字化、网络化、智能化为技术基点,重点突破新闻出版、广播影视、文化艺术、创意设计、文物保护利用、非物质文化遗产传承发展、文化旅游等领域系统集成应用技术
2020年11月	《关于推动数字文化产业高质量发展的意见》	文化和旅游部	加快新型基础设施建设。推动文化大数据采集、存储、加工、分析和服务等环节产品开发。促进优秀文化资源数字化。支持文化场馆、文娱场所、景区景点、街区园区开发数字化产品和服务
2020年11月	《关于深化"互联网+旅游"推动旅游业高质量发展的意见》	文化和旅游部等	坚定不移建设网络强国、数字中国,持续深化"互联网+旅游",推动旅游业高质量发展。坚持技术赋能。加快建设智慧旅游景区
2021年3月	《关于推动公共文化服务高质量发展的意见》	国家发展改革委、文化和旅游部	加快推进公共文化服务数字化。加强智慧图书馆体系建设,提升数字文化馆网络化、智能化服务水平。进一步完善国家公共文化云等平台的大数据管理和服务功能等
2021年4月	《"十四五"文化和旅游发展规划》	文化和旅游部	推动数字文化产业加快发展,发展数字创意、数字娱乐、网络视听、线上演播、数字艺术展示、沉浸式体验等新业态。积极发展智慧旅游,加强旅游信息基础设施建设,深化"互联网+旅游",加快推进以数字化、网络化、智能化为特征的智慧旅游发展

续表

时间	文件	出台部门	相关内容
2021年12月	《"十四五"旅游业发展规划》	国务院	加快推进以数字化、网络化、智能化为特征的智慧旅游,深化"互联网+旅游",扩大新技术场景应用
2022年5月	《关于推进实施国家文化数字化战略的意见》	中共中央办公厅、国务院办公厅	到"十四五"时期末,基本建成文化数字化基础设施和服务平台,形成线上线下融合互动、立体覆盖的文化服务供给体系。到2035年,建成物理分布的国家文化大数据体系,中华文化全景呈现,中华文化数字化成果全民共享
2022年8月	《"十四五"文化发展规划》	中共中央办公厅、国务院办公厅	加快文化产业数字化布局。以国家文化大数据体系建设为抓手,聚集文化数字资源,推动文化企事业单位基于文化大数据不断推出新产品新服务,提升文化产品和服务的质量水平

近年来,在国家战略、消费升级等因素推动下,中国数字经济规模不断扩大。国家互联网信息办公室发布的《数字中国发展报告2022》显示,2022年中国数字经济规模达50.2万亿元,总量稳居世界第二,占GDP比重提升至41.5%,数字经济成为稳增长促转型的重要引擎。数字基础设施规模能级也大幅提升,截至2022年底,我国累计建成开通5G基站231.2万个,5G用户达5.61亿户,全球占比均超过60%。全国110个城市达到千兆城市建设标准,千兆光网具备覆盖超过5亿户家庭能力。移动物联网终端用户数达到18.45亿户,成为全球主要经济体中首个实现"物超人"的国家。数字文旅作为数字经济的重要组成部分,近年来,在国家战略、消费升级等因素推动下,文旅行业掀起数字化探索浪

潮。根据艾媒咨询发布的《2024—2025年中国数字文化产业发展现状及趋势分析报告》数据显示，2024年前三季度全国数字文化新业态的营业收入已飙升至4.16万亿元，与2019年的1.99万亿元相比，实现了2.1倍增长。

（二）文旅数字化在浙江的发展

推动数字文旅产业高质量发展已经上升为国家战略，成为文旅产业转型升级的重大课题。浙江省积极顺应新趋势，抓住发展新契机，省政府及地方相关部门陆续出台有关政策，积极推动文旅产业数字化改革。浙江省近些年有关文旅产业数字化的政策及相关内容如表4-2所示。

表4-2　　　　浙江省文旅产业数字化主要政策相关内容

时间	文件	出台部门	相关内容
2016年12月	《浙江省旅游业发展"十三五"规划》	浙江省人民政府办公厅	大力实施"互联网+"工程，以旅游业与互联网的深度融合为重点，推进旅游业创新发展。加快建设基于大数据的全省旅游产业信息服务平台。鼓励开展"互联网+旅游"创新政策试点，打造一批国家智慧旅游城市、智慧旅游景区、智慧旅游乡村和智慧旅游企业
2021年4月	《浙江省文化和旅游厅文化和旅游数字化改革方案》	浙江省文化和旅游厅	提出要全面构建"1+4+N"的数字化改革总框架，其中，"1"是指1个智慧文旅大脑；"4"是指四大数字化改革体系：数字政务服务体系、数字公共文化和旅游服务体系、数字文化和旅游产业发展体系、数字文化和旅游治理体系；"N"是指各地各部门持续推出的N个应用场景

续表

时间	文件	出台部门	相关内容
2021年5月	《浙江省旅游业发展"十四五"规划》	浙江省发展改革委、浙江省文化和旅游厅	明确提出建成数字旅游示范省的目标。发展智慧旅游。实施旅游"新基建"行动计划，推动"互联网+旅游"深度融合，开发云旅游、云演艺、云娱乐、云直播、云展览等新业态，推广沉浸式体验型数字前沿产品
2021年11月	《关于高质量打造新时代文化高地推进共同富裕示范区建设行动方案（2021—2025年)》	文化和旅游部、浙江省人民政府办公厅	
2022年11月	《关于推进文化和旅游产业深度融合高质量发展的实施意见》	浙江省人民政府办公厅	推进数字化改革。完善推广"品质文化惠享·浙里文化圈""旅游通""浙里文物"等数字化应用场景。加强科技创新与应用。加大旅游场所智能感知与信息协同等旅游技术领域研发力度
2023年2月	《浙江省文化和旅游厅2023年工作要点》	浙江省文化和旅游厅	深化数字化改革。加快一体推进和系统集成，在后端整体打造"浙文旅"平台，在前端统筹构建"浙里文旅在线"。深化省厅政务服务综合管理系统建设，协同推进"艺数家""非遗在线"等应用。完善省市县应用集成贯通和共享落地模式，形成"一地先行、全省推广"有效机制

续表

时间	文件	出台部门	相关内容
2023年10月	《浙江文化和旅游赋能高质量发展建设共同富裕示范区第一批典型经验》	文化和旅游部	总结提炼了推动公共文化服务提档升级、推动优秀传统文化创造性转化和创新性发展、提高文化产业和旅游业发展质量效益、缩小城乡差距、缩小区域差距5个方面6条典型经验做法

浙江是中华文明的发祥地之一，文化传承绵延不绝，浙江还是旅游大省，拥有丰富的旅游资源。近年来，全省充分发挥山水资源丰裕、自然风光秀丽、文化底蕴深厚的优势，大力推进新时代文化浙江建设，持续推动文旅数字化高质量发展，在建设数字化文旅平台、酒店住宿、展馆、图书馆、文化艺术平台等方面进行了积极探索并取得了相应成效。

（1）数字化文旅平台。2018年，浙江省文化和旅游厅成功构建了"诗画浙江·文化和旅游信息服务平台"。该平台具有"1+N+X"的应用创新机制，集合了浙江省的文化和旅游信息服务平台和文旅数据仓。这一创新机制在全省范围内实现了特色应用创新，推动了文旅系统的全面一体化监管、应用和共建共享。截至2020年底，"诗画浙江·文化和旅游信息服务平台"已汇集了4A级以上的景区230多家，3A级以上饭店970多家，旅行社2400多家。该平台已经吸引了4000多个各级管理用户，2万多个企业用户以及500多个专家用户。为了更好地服务用户，浙江省已经完成了基于C端、移动端、小程序等全平台的一站式数字文旅平台"浙里好玩"的搭建。这一系列的创新与整合，使得"诗画浙江·文化和旅游信息服务平台"成为一个资源丰富、功能齐全的综合性服务平台，为广大文旅爱好者提供了更加便捷、高效、个性化的服务体验。

（2）数字化酒店住宿。2018年11月，位于杭州阿里巴巴西溪科技园旁的一家高科技酒店正式开业。与传统的酒店不同，这家高科技酒店采用了全场景刷脸技术，让人们在酒店的电梯、房间、餐厅、健身房、酒吧等多个场所都能享受到便捷的人脸识别服务。此外，酒店取消了人工前台，客人只需在手机上操作，即可完成从入住到离店的整个过程。2020年，该酒店进一步推出了"未来酒店智慧大脑2.0"产品，实现了财务结算及对账自动化、对客服务能力在线化、经营管理移动化和办公协同线上化。所有的数据不再是一个"孤岛"，而是可以沉淀下来，生成专属于这家酒店的运营模型。这一创新的产品应用进一步推动了酒店业的数字化转型，并为客人提供了更加智能化、个性化的服务体验。

（3）数字化展馆。2020年10月，良渚古城数智体验馆面向公众开放，它以一系列创新的数字文旅产品，向公众展示了良渚文化的独特魅力。这些数字文旅产品不仅提升了良渚遗址公园的游览体验，也让古老的良渚文化得以借助现代科技的力量，以更加生动、立体的方式呈现在公众面前。这种新的游览方式，不仅让游客能够更加深入地理解和感受良渚文化，也进一步丰富了中国传统文化的传播方式和传承途径，同时也为数字文旅产业的发展提供了更多的可能性。在浙江省，博物馆的数字化建设也在如火如荼地进行中。近年来，浙江其他博物馆也相继开展了数字博物馆的建设。

（4）数字化图书馆。在杭州市文化广电旅游局的领导下，杭州图书馆于2020年4月发起了名为"一键借阅满城书香"的图书服务提升行动，通过数字扩容和功能优化提升了单体图书馆线上服务能力。2021年，杭州图书馆联合全市各区县级图书馆，打造"一键借阅"杭州地区公共图书馆线上服务一体化平台。这个平台将市区14家公共图书馆云集在一起，提供了"线上借书、书店借书、数字阅读"三大服务场景，实现了"服务全覆盖、共享无差别、借还零距离"，这一创新的服务模式不仅使得公共图书馆的服务更加便捷和高效，更在全城范围内推动了阅读的普及和深入。它以其全新的服务模式，成功地成为公共图书馆线上服务的新模式和新标杆。

（5）数字化文化艺术平台。为促进文化艺术传播，浙江省文化馆针对全年龄段艺术普及群体打造了全民艺术普及应用程序——"指尖艺术导师"全民艺术普及数智平台，实现了艺术普及工作在线上平台与线下空间的融合。"指尖艺术导师"汇集浙江省文化馆培训资源，接入浙江省文化和旅游厅"品质文化惠享·网络艺术学堂"、浙里文化圈"艺培"板块，打通"国家公共文化云·学才艺"板块，并为各级文化馆提供入驻服务和资源共享，推动文化服务进入校园、社区驿站、农村文化礼堂等文化阵地。同时，为校外文化艺术类培训机构提供业务指导、用户服务，探索创新型服务场景和服务模式，形成以"数智化＋艺术普及"为核心的一体化信息服务平台。

近年来浙江省数字经济规模不断增长，2022年浙江首次编制发布的《浙江省数字经济发展白皮书》显示，2021年，浙江省全省数字经济增加值达到3.57万亿元，居全国第四，较"十三五"初期实现翻番；占浙江省生产总值的比重达到48.6%，居全国各省份第一。2022年浙江全省数字经济规模预计达4万亿元，增长12%，高于浙江省生产总值的增速约9个百分点。文旅数字化是中国未来文旅产业加速发展的关键推动力，也是浙江省文旅产业发展的必然趋势。随着文旅产业数字化进程的不断深入，浙江省文旅产业将进一步融合并实现高质量发展。通过数字化技术，浙江省文旅产业将能够更好地满足消费者的需求，提高服务质量，并创造更多的就业机会。同时，数字化也将为浙江省的文旅产业带来更多的商业机会和投资潜力，助力浙江省数字经济的进一步发展。未来，浙江省文旅产业将继续深入推进数字化改革，加快数字化转型步伐，以实现更高质量、更高效、更便捷的文旅服务。

第二节　数字文旅助力乡村文化产业振兴

随着数字技术的飞速发展，数字文旅逐渐成为推动乡村文化产业振兴的重要力量。数字文旅不仅能够保护和传承乡村文化，还能促进乡村经济发展，共创乡村文化的经济价值、品牌价值和发展价值。然而，当前农村文旅产业数字化的现状还存在一些问题，包括技术、人才、安全与隐私、政策等方面。因此，应积极探索数字文旅助力乡村振兴的实现路径，借助数字化技术推动农村文旅产业发展，实现乡村振兴。大力发展乡村数字文化产业生态，运用数字化技术拓展物质和非物质文化遗产的发展空间等，是推进精神生活共同富裕的重要进路。

一、数字文旅对乡村振兴的价值意蕴

凭借计算机先进的算法能力，数字技术结合智能终端设备能够高效收集图像、音频和视频等各种信息，实现大规模信息的智能化处理、传播和存储。数字技术的迅速发展引领了数字产业的革新，推动着数字文旅产品的多样化创新，也使得提升创新文旅产品的展示效果和消费体验成为当前的重要任务。这一需求促使乡村文旅产品不断丰富和多元化，激发文旅企业拓展市场，积极推动数字文旅产业延伸至更广泛的实践领域，实现经济价值、品牌价值和发展价值的共同提升（芦人静、余日季，2022）。

（一）经济价值共创

乡村全面振兴的首要任务是经济振兴。将数字化技术融入乡村文旅产业融合发展，充分挖掘和利用乡村地域文化和独特资源。通过强化乡村数字文旅产业经营主体与游客之间的互动，推动了乡村文旅产业的发展,实现了"地域文化—体验场景—反馈提升—产品新业态"的循环升级。这种循环升级不仅有助于提升乡村文旅产业的竞争力,还为实现经济价值的共同创造提供了有力支持。

一方面,数字技术助力乡村文旅产业高端产品的供给。高端乡村旅游产品包括农产品供给、接待服务、自然景观和文旅特色,以及其背后的生产价值、情感价值、生态价值和文旅价值,数字技术可以从设计、生产、营销和管理等多个环节创造高端旅游产品,提高游客和消费者的参与度,从而实现整个价值链的优化配置。另一方面,数字化乡村文旅产业通过开发乡村文旅资源,实现经济价值的多元化,将地域特色和乡村文旅元素通过数字技术融入农业生产、农产品加工、农业观光、农事体验中,促进当地村民的就业。

(二)品牌价值共创

数字技术对乡村文旅产品的品牌价值共创起到了重要作用。品牌价值是"品牌价值共创"的最终结果,也是企业不断追求的目标,对于乡村数字文旅产业也是如此。

文旅部 2020 年 11 月发布的《关于推动数字文旅产业高质量发展的意见》提出,要培育和打造一批具有鲜明中国文化特色的原创 IP,利用动漫、游戏、网络文学、网络音乐、网络表演、网络视频、数字艺术、创意设计等产业形态,推动中华优秀传统文化的创新性转化和发展,继承革命文化,发展社会主义先进文化。以故宫文化为代表的中国传统文化数字产品品牌便是一项成功案例,利用数字技术打造一系列故宫文化品牌产品,这些数字文化产品引发了人们对故宫文化和中华传统文化的浓厚兴趣。

乡村文旅产业也可将数字技术与传统义化相结合,打造乡村文化产品品牌,为乡村文化赋予新的活力。数字技术还有助于乡村文旅产品的品牌价值传播共创。像李子柒这样的"网红"通过数字平台展示中国乡村生活，将观众带入宁静的自然景色中，向更广泛的群体展示和传播了中国传统乡村文化元素。

（三）发展价值共创

数字技术的创新模式为乡村文旅产业的开发创造了多种附加价值，这些价值不仅体现在生产、服务、销售和运营等各个环节，也进一步推动了整个产业链的发展。通过与第三方平台的合作，数字技术实现了资源的优化配置和互联互通，为乡村文旅产业的发展提供了强大的支持。

数字化生产使得基础设施更加完善和特色化，数字化服务提升了游客的体验感和满意度，数字化销售促使产品更加多元化和个性化，数字化运营则提高了活动的策划效率和执行效果。数字技术的不断发展为"云旅游"、虚拟数字文旅产品的开发和设计提供了更多的创新思路和实践经验。例如，利用AR、VR、AI等技术可以实现分时预约、无接触服务、虚拟现实、沉浸式剧本演艺等多方面的创新，为游客带来更加丰富和生动的旅游体验。

互联网的飞速发展为数字技术的广泛应用提供了平台和支撑。数字技术在乡村文旅融合发展中发挥了重要的作用，为价值共创提供了更畅通的渠道和更广阔的前景。同时，数字技术的广泛应用也为乡村的经济社会发展注入了新的动力和活力，为全面推进乡村振兴战略提供了有力的支撑。

二、乡村文旅产业数字化的现状与问题

在数字文旅的浪潮中，浙江省各乡村文旅机构、企业和个人都急切地推动数字化变革，但与此同时，一些盲目跟风和生搬硬套的现象也开始出现，这些现象背离了文旅数字化转型的初衷。因此，在讨论中国浙

江省乡村文旅业的数字化转型问题时，我们需要深入探讨几个关键方面，包括技术、人才、安全与隐私、政策等问题。

（一）数字基础薄弱

乡村文旅产业的数字化转型首先面临技术挑战。尽管互联网和移动技术在城市地区已得到广泛应用，但在一些偏远的乡村地区，网络覆盖依然存在短板，这限制了数字化服务的提供。这对农村企业的在线宣传、销售以及与游客的互动产生了制约。为了解决这一问题，政府和企业需要增加对基础设施建设的投入，改善乡村地区的网络覆盖，以确保数字化服务能够覆盖到每个角落。

另一个技术挑战在于数字化工具的使用和管理。乡村企业需要投资于构建和维护数字化平台，包括网站、移动应用、在线支付系统等。这需要专业的技术支持和有效的管理，但很多乡村企业缺乏相关经验和知识。因此，技术培训和支持对于确保数字化工具的顺利运营至关重要。

（二）数字文旅人才匮乏

数字化转型需要拥有相关技术和管理知识的人才，而在乡村地区，通常缺乏这种人才资源。乡村企业难以吸引到精通数字技术的员工，这对数字化转型的速度和质量构成了制约。如果对数字文旅的概念和价值缺乏清晰的认知和思路，将会严重降低创新效率、增加运营成本，导致文旅产业的数字化转型陷入"僵局"。因此，需要更加重视复合型新兴领域人才的短缺问题，以促使数字文旅产业向更高层次发展（李婷，2021）。

（三）盲目搞硬件建设，数据安全存疑

"数字化"依赖于数字技术，数字技术的实现必然需要硬件的建设。

但需要警惕的是，很多地方花重金加大力度投入在一些高大上、华而不实的硬件设施上，甚至认为有了一款 App，作出了一个产品，建成了一个平台，就一劳永逸了。缺乏创新、同质化严重、实用性不强、缺少精细化运营，会导致花费了巨大的资金投入，却没有满足公众的体验需求，也没有带来经济效益。

与此同时，硬件建设基础的完成也意味着乡村文旅企业将需要处理大量的用户数据，包括个人信息、支付信息等。因此，数据安全和隐私问题成了一项紧迫的挑战。一旦数据泄露或滥用，将严重损害用户的信任，对企业形象将产生负面影响。

（四）政策支持不足

政府制定相关政策以支持乡村文旅业的数字化转型，但在某些乡村地区，政策执行存在不足之处，导致乡村企业难以获得相关政策的优惠。在浙江省乡村数字文旅产业中，政策支持不足的问题具体表现在以下几个方面：

（1）地区政策的不一致性。不同乡村地区可能面临不同的政策环境，政府的支持程度存在差异。某些地区政府可能积极支持数字文旅产业，而其他地区可能对此持保守态度，缺乏相应的政策措施。这种不一致性导致乡村数字文旅企业之间的竞争不平等，一些企业难以受益于相关政策支持。

（2）政策执行的不完善。尽管政府发布了一些支持数字化转型的政策，但在实际执行中仍存在问题。一些政策可能没有得到有效的贯彻执行，或者执行效果不如预期。这可能导致乡村企业难以充分享受政策所带来的优势，从而限制了数字化转型的速度和质量。

（3）缺乏明晰的行业标准和监管。由于乡村数字文旅产业相对较新，行业标准和监管体系可能尚不够完善。政府需要建立明确的行业标准和监管政策，以确保数字化服务的质量和安全，并为企业提供明确的指导。

（4）技术支持和合作机会的不足。乡村企业在数字化转型中需要获得技术支持和合作机会，以确保数字化工具的有效使用和维护。政府可以促进科技企业和乡村企业之间的合作，提供技术支持和培训。

（五）用户教育和接受度问题

尽管乡村文旅企业引入了数字化服务，但游客和居民的接受度较低，具体表现在以下几个方面：

（1）数字素养不足。许多乡村地区的居民和游客可能缺乏基本的数字化素养，包括如何使用智能手机、电子支付和应用程序。这导致他们不熟悉数字化服务，无法充分利用数字化工具来获取乡村旅游信息、预订服务或购买产品。

（2）文化差异。乡村地区的居民通常具有不同的文化和生活方式，可能对数字化服务和社交媒体的使用方式不太熟悉。这增加了数字化服务的推广和普及的挑战，因此，数字化服务需要考虑文化差异和习惯。

（3）教育和培训不足。缺乏数字化素养的用户需要接受相关教育和培训，以了解如何使用数字化工具。然而，乡村地区通常缺乏提供这种培训的机构或计划，这增加了用户的教育成本和难度。

（4）语言障碍。浙江省乡村地区可能存在多种方言和少数民族，这可能导致语言障碍。数字化服务通常以标准汉语或英语提供，这可能使一些居民感到不便，难以理解或使用这些服务。

综合而言，浙江省的乡村文旅产业数字化转型面临一系列挑战，包括技术、人才、数据安全和隐私、政策支持以及用户教育和接受度等问题。要解决这些难题，需要政府、企业和社会各界通力合作，以推动乡村文旅业的数字化升级，从而促进经济增长，提高乡村居民的生活水平。

因此，我们需要根据新的发展阶段，全面贯彻新发展理念，深入研究数字化在促进乡村文化和旅游融合创新发展方面的潜力和实际应用路径。这不仅是提升乡村文旅产业整体水平，推动乡村经济社会更高质量和更可持续发展的时代需求，也是实现乡村产业繁荣、生态宜居、社会文明、有效治理以及人民富裕生活的迫切需要。

三、文旅产业数字化助力乡村振兴的实现路径

数字技术为乡村文旅产业的深度融合和创新发展提供了强大的技术支持和多维度的实现空间，成为推动乡村全面振兴的重要途径。如上所述，当前乡村文旅数字化发展面临着一些问题和挑战，因此，必须有效开发乡村文化资源、积极探索乡村文旅产业新业态、扩大乡村文化的传播范围，形成以乡村文化内容为核心的数字文旅产业矩阵。这将有助于开创乡村经济发展、文化繁荣的新局面，推动乡村产业结构的优化和升级，提高农民收入和生活水平，实现乡村振兴。

（一）加强乡村文旅数字化基础设施建设

习近平总书记强调，要坚持乡村全面振兴，抓重点、补短板、强弱项，实现乡村产业振兴、人才振兴、文化振兴、生态振兴、组织振兴。[①] 当前，农村地区面临数字基础设施薄弱、数字技术资源不足等问题，这严重影响着乡村全面振兴战略目标的实现。为此，需要加快推进数字化乡村文旅产业的发展，通过完善数字基础设施和构建多元化的数字文旅产业链，为乡村全面振兴提供有力支撑。

首先，加强数字化乡村文旅产业基础设施建设，主要包括建设以信息交换技术为主的基础设施，如区域性和全国性的数字化乡村文旅市场

---

① 习近平对实施乡村振兴战略作出重要指示 [EB/OL]. (2018－07－05) [2024－11－30]. https://www.gov.cn/xinwen/2018－07/05/content_5303799.htm.

流通网络、数字化乡村文旅产业基础数据库、数字化乡村文旅产业公共技术服务平台、数字化乡村文旅云平台等。这些设施将完善乡村文旅产业的数字化基础,确保数字化信息的采集、传输和智能化计算能够顺畅进行。

其次,构建多元化的数字文旅产业链,包括乡村文旅景点、相关地理信息、配套公共设施等,以及数字乡村文旅产品的信息,如旅游线路、站点、交通示意图和咨询服务中心等。此外,还要开发数字文旅融合的自助导览系统,制作数字文旅电子地图,提供卫生间、餐饮摊点、旅游商品销售点、导游语音讲解、景区热点消息等信息。

(二)加快乡村文化资源的数字化转换

随着城镇化的快速推进,乡村的数量减少,农村人口外流。村庄和人口是乡村传统文化的重要载体,对于文化传承、发展和传播至关重要。然而,村庄的减少导致一些具有历史意义和情感归属感的宗祠、庙宇、集市等历史建筑和文化空间逐渐消失。人口的流失也使得一些地方戏曲、技艺、民俗等传统文化后继无人,导致乡村文化的衰落和消弭。因此,将乡村文化资源数字化是数字文旅振兴乡村的必经之路。

首先,通过数字化技术,对乡村中的民间故事、民间文献等进行数字化保存,记录并保护具有地域特色的自然遗产以及较高人文价值的戏曲、技艺、工艺等非物质文化遗产。对于宗祠、庙宇等物质文化遗产,可以通过拍摄和渲染等手段,利用虚拟影像等信息技术保存并再现,让更多人能够领略到乡村文化的魅力。其次,可以借助抖音、快手、微博、微信等媒体平台,让乡村文化资源得到更广泛的传播。这样不仅可以提升乡村文化的吸引力和影响力,还可以促进乡村经济的发展和文化传承。

通过数字化转换,我们可以保护和传承乡村文化资源,让更多人了解和认识乡村文化的魅力。同时，利用数字技术可以创新文化资源的展现方式，吸引更多游客前来体验，带动经济发展。

（三）健全数字乡村文旅产品体系

目前乡村数字文旅产业发展面临着市场潜力巨大但消费规模较小的矛盾局面。为了解决这一矛盾，需要通过完善产品体系来提升消费规模，这是乡村数字文旅发展迫切需要解决的问题。

首先，借助数字技术，加强对乡村原有的生态旅游、观光旅游、休闲旅游等产品的改进和升级。实现乡村旅游产品向更富创新和体验的方向转型，促进体验经济的升级，为游客提供更丰富和高质量的旅游体验。这样不仅可以满足游客的需求，还可以拓展乡村文旅产业的市场空间。

其次，促进数字技术在文化旅游领域的创新应用，提升乡村文旅融合产品的数字附加价值。充分利用动漫、游戏、数字艺术、知识服务、网络文学、网络表演、网络视频等不同产业形态，挖掘和活化乡村丰富的传统文化资源。同时，支持乡村文物保护单位、景区景点等开展数字展览和虚拟景区等服务，培育网络消费、定制消费和体验消费等新型文旅消费形式。这些创新举措将有助于提高乡村文旅产业的竞争力和吸引力。

最后，积极提高乡村数字文旅产品的质量和服务水平，改善产品体验，提升受众接受度和满意度。通过各类新媒体平台鼓励创作充满乡村特色的文旅产品，利用网络平台提供的互动机制，促进数字文旅产品的创作者和消费者之间的合作和价值共享。这将有助于推动消费者的消费行为，并实现消费价值的二次转化。通过满足不同个体和特定群体的需求，充分挖掘乡村文旅的市场潜力和文旅价值。

综上所述，通过完善产品体系提升消费规模是解决乡村数字文旅产业发展矛盾的关键。通过数字技术的应用、创新产品的开发以及提高产品质量和服务水平等措施来实现这一目标。这将为乡村文旅产业的可持续发展注入新的动力，促进乡村经济的繁荣和文化传承的进一步深入。

（四）完善乡村文旅融合数字化治理机制

与传统的治理机制和方法相比，数字化技术能够为乡村文旅领域注入活力，实现向高效的治理机制和治理体系转型。

首先，数字化技术在政府文旅部门管理方面发挥关键作用。传统的管理模式常常烦琐，管理链条长、流程复杂。"互联网＋政务服务"的方式可以简化服务流程，让乡村文旅产业主体能够实现"最多跑一次"的目标，迅速获取结果。

其次，数字技术的应用能够推动村民参与文旅治理的数字自治。传统的管理模式主要依赖政府进行管理，村民的参与度较低。数字技术的发展打破了信息壁垒，使政府理念传播和村民意见表达、反馈渠道更畅通。这使得村民能够通过数字方式参与文旅产业的数字治理，唤醒他们的责任感和参与意识，为基层文旅治理提供更多创新思路和想法，实现从单向管理向双向管理的过渡。

最后，数字化技术的应用有助于探索多元主体协同发展模式。在新时代，乡村文旅的管理体制需要创新，数字技术可以更好地发挥政府的综合治理效能。此外，它还可以调动新乡贤、社会组织等多方力量，使其积极参与乡村文旅领域的治理。这种多元主体的参与有助于促进文旅产业的融合发展和协同发展。

（五）重塑乡村振兴农民主体意识

在数字化时代，农民会更加积极地参与到乡村文旅产品的创作、生产和传播，将与农村生产和生活密切相关的元素融入现代乡村文旅产品中，真正强调农民作为主体，实现"一荣俱荣、一兴俱兴"，全面推动乡村振兴。

首先，乡村文化持有者逐渐转变为数字文旅形象大使，将乡村文化艺术创意创作转变为数字文旅产品，以及乡村非物质文化遗产向数字文旅核心资源的转变。乡村文化持有者通常了解和掌握了乡村地区的人文旅游资源、独特技艺、民俗风情以及发展历程等，基于他们对区域文化的深厚情感，他们作为乡村文旅资源的形象大使会更具有影响力。这些文化持有者可以包括当地政府官员、民间艺人和农民等。此外，传统建筑设计企业也可以通过数字化与乡村文旅融合，加大力度促使他们转变为数字文旅形象大使。

其次，"政府+旅游公司+文化持有人+旅游者"四方体系的数字文旅融合协同发展。乡村文化持有者在保持民族文化的稳定性和活力的前提下，希望将乡村文化资源升级为文化资本和乡村文旅产业。旅游公司和乡村社区作为数字文旅融合的经营者，承担数字文旅产品的生产、销售、宣传等任务，并从中获得经济收益。同时，作为数字文旅融合消费的实现者，通过文化符号和视觉财产的资本交换，为数字文旅产业的发展提供动力。四方合作体系借助信息技术等工具，通过直接利用、全面提升、原创再现、集中展示和主题关联等形式来实现数字化。

第三节 乡村文化产业新实践

数字化是乡村经济发展的新趋势和新阶段，文化产业是乡村经济发展的重要组成部分。文旅数字化是乡村文旅产业振兴和发展的新支撑，弥补了乡村文旅产业发展的技术短板，驱动乡村文化和旅游业态创新，重构产业格局。浙江省在文旅数字化方面取得不少实践成果，涌现了一批经典案例，为文旅数字化助力乡村振兴提供了浙江经验。

一、杭州鸬鸟镇——基于文旅的"数字乡村"新模式[①]

(一) 案例背景

鸬鸟镇地处杭州市余杭区西北部,是全区唯一一个没有工业园区的生态旅游型乡镇。因此,旅游业在该地区得到了极大的重视,成为经济发展的重要支柱。在 2017 年,鸬鸟镇成功创建了全域"国家 AAA 级景区",并在 2019 年荣获浙江省乡村旅游产业集聚区的称号。自 2019 年开始,该镇积极探索从智慧旅游到"数字乡村"的升级,建设了包括三大模块:数智乡村、数智治理、数智旅游在内的"数字鸬鸟"项目。2020 年 5 月,"数智鸬鸟·全域治理平台"正式上线,如图 4-1 所示,"一库一码三协同五场景"让数据能够"多"起来、"准"起来、"动"起来、"跑"起来,从而不断完善基层社会治理服务全科网格,实现全周期管理。

图 4-1 数智鸬鸟·全域治理平台

资料来源:钟蓝. 让数据"准"起来 数智鸬鸟·全域治理平台上线 [EB/OL]. (2020-05-28) [2024-12-30]. https://town.zjol.com.cn/gun/202005/t20200529_12008157.shtml。

[①] 吕佳颖,黄欢. 鸬鸟镇走出浙江省第一步:景区村庄标准化运营成就"美丽经济" [EB/OL]. (2021-03-04) [2023-12-11]. https://3w.huanqiu.com/a/81892e/42AVLYbYOmj?agt=0.

（二）具体措施

数字化是现代乡村振兴的新趋势，如何巧妙运用数字技术等现代科技实现高效管理、提高服务质量、促进产业发展，是建设数字乡村的重要挑战。为了积极推动数字化乡村的建设，鸬鸟镇充分发挥现有资源优势，将智慧大脑与绿水青山相结合，运用数字化技术打造"金山银山"。从乡村治理、景区管理、生态旅游等方面探索城市大脑应用的新场景，努力打造生态型的数字化治理样板镇。并通过收集全域内的人口、房屋、企业、事件、物品、通信等社会治理要素数据，构建基础数据库，实现"数智鸬鸟一张图"，为科学、高效的乡镇治理提供了数据支持。

作为中国浙江省杭州市余杭区的一个生态旅游型乡镇，旅游业在鸬鸟镇扮演着至关重要的角色。它不仅是当地经济的支柱产业，也是帮助村民摆脱贫困、走向富裕的重要途径。为了将门前的"绿水青山"转化为屋内的"金山银山"，数智鸬鸟平台推出了一款"数智旅游"模块。这个模块汇聚了鸬鸟镇域内所有旅游信息和数据，涵盖了各个旅游景点、民宿、农家乐公共服务以及农产品销售等方面。通过实时监控景区情况、分析旅游产品、评估旅游经济指标等手段，这个平台能够全面呈现各项重要信息，为"鸬鸟旅游"的运营和管理提供精准的数据支持。为了更好地推动旅游业发展，鸬鸟镇还与公安、交通、工商、卫生和市场监管等部门建立了紧密的合作关系，实现了信息共享和协同联动。基于这些数据，鸬鸟镇不断完善服务管理体系，丰满游客的画像，以便更精准地进行营销、及时应对突发状况并做出科学的管理决策。

2020年，鸬鸟镇实现了全域景区村庄的全面覆盖，展示了其对旅游产业发展的决心和创新能力。为了进一步推动全域景区村庄的协同发展，该镇积极创新了发展模式，与全域景区村庄经济合作社联合成立了旅游公司。通过这种方式，他们以乡镇为单位，对全域景区村庄进行了统一的运营管理。同时，鸬鸟镇还打造了数智乡村，构建了景区村庄标准化运营体系，以及乡村美丽经济发展指数评价体系。这些创新举措不仅优化了乡村的治理方式，也为乡村经济发展提供了强大的数据支持。更重要的是，他们成功解答了"景区村庄如何运营管理"以及"美丽经济如何评价衡量"这两个关键问题。这不仅为乡村旅游的持续发展提供了坚实的理论依据，也为其他地区提供了可借鉴的成功经验。

二、丽水——"丽水山路·山民共富"自驾游公共服务协同应用[①]

（一）案例背景

丽水山地连绵起伏，自然生态环境优越。丽水的山路不仅是游客探险和欣赏美景的旅游路线，也是一条促进当地经济发展的重要途径。这条山路充分利用了丽水的地理优势资源，紧扣市场机遇，逐步打造出"丽水山路"区域公用品牌。浙西川藏线·江南丙察察、画乡逐星、畲乡天径、梯田追日、千峡探秘等十大丽水山路自驾特色线路，吸引了大量游客前来体验。丽水山路的成功打造，不仅为当地自驾、越野市场注入了新的活力，也带动了当地旅游业的发展。这条路线沿途的风景秀丽，让游客在探险的同时，也能领略到丽水的美丽风光。此外，丽水山路还为当地山民提供了一个展示和推广当地特色产品的平台，促进了当地经济的发展和繁荣。

---

① 资料来源：徐小骏. 丽水打造"丽水山路"自驾游公共服务协同应用平台——丽水山路 山民奔"富"[EB/OL]. (2021-12-31)[2023-12-11]. https://zjnews.zjol.com.cn/zjnews/lsnews/202112/t20211231_23580472.shtml；邬敏. 用户量2.36万余人！"丽水山路"自驾游平台为山区共富"导航"[EB/OL]. (2021-12-30)[2023-12-11]. https://lstk.zjol.com.cn/kdrdmd/202112/t20211230_23576293.shtml.

（二）具体举措

随着自驾旅行用户的持续增长，2020年，丽水市文广旅体局认识到这是一个为当地旅游业注入新活力的好机会，为了更好地满足这些用户的需求，结合丽水当地自然资源，打造推出了全国第一个自驾旅游电子路书服务平台——"丽水山路"。这个平台旨在为来丽水自驾游的用户提供一站式的路线导览、行程规划、住宿及餐饮等内容服务。通过"丽水山路"，游客可以轻松地规划他们的旅程，了解沿途的风景、设施和活动，并获得个性化的推荐和建议。此外，"丽水山路"还提供了在线预订和支付功能，方便游客提前预订住宿和餐饮，确保他们在丽水的旅程中能够得到最佳的服务和体验。"丽水山路"平台的推出，不仅满足了自驾游客的需求，也为丽水市旅游业的发展注入了新的动力。通过提供个性化的服务和推荐，该平台有助于吸引更多的游客来到丽水，促进当地旅游业的发展。

在2021年，丽水市文广旅体局紧随数字化改革的浪潮，升级打造了"丽水山路"自驾游公共服务协同应用平台，如图4-2所示。该平台以丽水市文旅数据仓和"一机游丽水"公共服务平台为基础，实现了跨部门的信息共享和协作。这其中包括打通了市交通局、市应急管理局、市人力资源社会保障局、市公安局、市生态环境局、市气象局、市市场监管局、市卫生健康委等涉旅数据，解决了游客旅游信息获取的痛点。通过这些举措，"丽水山路"自驾游公共服务协同应用平台提供了一站式的旅游信息服务体系，为游客提供了更高质量、更高效、更便捷、更有温度的"丽水山路"旅游体验。除此之外，平台还增加了"山民微心愿""山民帮扶""一键招工""10分钟开店"等功能，切实解决了山区百姓的招工难、就业难、收入低等问题，让山民在家门口也能赚到钱，进一步推动了当地经济的发展。

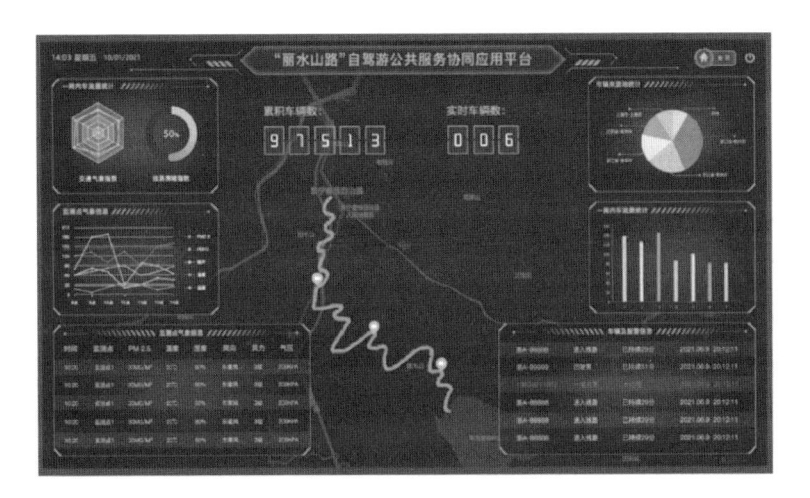

图 4-2　"丽水山路"自驾游公共服务协同应用平台

资料来源："丽水山路·山民共富"入选浙江省数字文化系统优秀应用［EB/OL］.（2022-06-27）［2024-12-30］. https：//www.thepaper.cn/newsDetail_forward_18759415。

近年来，丽水山路作为实现偏远山村共同富裕的重要途径，通过线上线下联动的成功实践，为山村带来了持续的导流效益。在线上方面，丽水市文广旅体局不断发展和完善了自驾游公共服务应用平台。通过创新技术和精细化的服务，这个平台为自驾游用户提供了更加便捷、高效和全面的旅游体验。同时，平台还通过大数据分析和用户行为研究，为丽水山路的持续发展和优化提供了有力的支持。在线下方面，丽水山路以其独特的自然风光和丰富的文化资源，串联起了国省道、盘山公路、乡村博物馆、民宿等多元化旅游资源。这些资源为游客提供了多种自驾、越野、徒步、骑行、溯溪、户外运动等旅游选项，满足了不同游客的需求和喜好。此外，丽水山路还吸引了众多山地旅游联盟、乡村驿站、非遗就业工坊等多元市场主体的参与，形成了强大的旅游产业链。

通过线上和线下的相互促进和联动，丽水山路实现了持续为丽水山民实现共富之路提供源源不断的动力。线上平台的发展为线下旅游市场提供了更多的宣传和推广机会，带动了更多的游客来到丽水山区。同时，线下旅游市场的繁荣也为线上平台提供了更多的内容和功能，进一步丰富了用户的体验和服务。在未来，丽水山路将继续探索和实践线上线下联动的模式，不断提升旅游服务质量和效益。通过整合更多的旅游资源和创新技术应用，丽水山路将为游客提供更加多元化、个性化、智能化的旅游服务，同时也将为丽水山区的经济发展和社会进步注入更多的活力和动力。

三、宁波象山石浦古城——文旅元宇宙[①]

（一）案例背景

随着虚拟现实技术的不断进步，2020年，政府将元宇宙正式纳入国家新基础建设项目，《2022中国文创文旅元宇宙白皮书》的发布，进一步推动了元宇宙文旅产业新格局的形成。但随着消费习惯的变迁以及Web3.0时代对用户生活的重塑，"即时满足"的线上消费需求几乎占据生活主流。基于此现状，创新发展数字经济赋能线下文旅，满足多元化的需求是旅游业的发展之道。宁波石浦镇拥有得天独厚的海洋、生态、港口、古镇、渔文化等资源，正围绕"国家全域旅游示范区"创建目标，结合现有的地理优势和旅游文化资源，深入实施"双突破双驱动"战略，大力推进"四全四特"工程，有效推进全域数字化旅游快速发展。因此，元宇宙文旅，正是石浦镇走向年轻化的"新港口"。目前，"渔光之城"滨海文旅IP项目已入选浙江省首批文化基因解码成果转化利用示范项目。

（二）具体举措

2022年，宁波市演艺集团与象山县人民政府携手，以象山石浦渔港

---

① 上观新闻. 线上漫游宁波象山石浦古城，文旅元宇宙"渔光之城"正式发布[EB/OL]. (2023-04-12)[2023-12-11]. https：//new.qq.com/rain/a/20230412A06YTA00.

古城在地文化和建筑风貌为特色，融合演艺、光影、艺术与科技等手段，打造了独一无二的滨海文旅 IP "渔光之城"，涵盖滨海场景演艺、海上游、艺术生活街区、元宇宙等多个板块，释放出数字世界中的璀璨光芒。2023 年 4 月 11 日，"渔光之城"在上海万代南梦宫正式发布。

该项目凭借数字孪生和元宇宙技术，以 VR 沉浸式虚拟建模、AR 情景式互动体验、XR 现实与虚拟结合等内容，利用象山当地文化和石浦空间特色，和当地的人文精神与自然景观达到完美匹配，打造了浙江首个基于实景和区块链技术搭建的文旅虚拟数字孪生的元宇宙世界。以"线上城"赋能"线下城"的形式，突破时空局限，拓展感官体验，智造文旅消费新场景。渔港、古镇、东门岛、庙宇、民宅、渔船等以梦幻而丰富的设计质感呈现，"渔光之城"元宇宙融合海港主题人文与自然景观，点缀丰盛的植被与充满人间烟火气的生活感，将这片海域与土地上传承的世代渔港文化与勇善勤朴的品质精神贯穿其中。并且，从行、游、娱、购四方面，为中国的文旅景区实现基于数字孪生技术的沉浸式景区游览、虚拟演出、云端文化活动等数字文旅体验。

第五章

数字赋能推动"两山"转化实现的路径与实践

在当今社会，随着人们对可持续发展和环境保护的日益关注，生态产品作为一种符合生态友好理念的创新解决方案，逐渐成为商业领域的瞩目焦点。生态产品的核心理念在于平衡经济发展与环境保护之间的关系，通过引入环保技术、可再生资源和循环利用的理念，为消费者提供更加可持续、绿色低碳的消费选择。生态产品的价值实现不仅是一种商业策略，更是对人类对地球的责任担当的具体体现。早在2005年，时任浙江省委书记的习近平同志，就提出了"绿水青山就是金山银山"的思想，旨在提醒发展经济的同时，要以环境保护为前提，坚持人与自然的和谐共生，促进经济的可持续发展。因此，生态产品的兴起并非偶然，而是对环境危机的一种回应，是企业与社会共同构建可持续未来的积极尝试。在先进的方法和技术的加持下，生态产品不仅更利于企业提高竞争力，还为消费者提供更优质的生活方式。这种商业与环境的共赢模式将成为未来可持续发展的重要动力，引领着全球经济向更为可持续、平衡的方向迈进。本章将深入探讨生态产品的价值实现路径。

第一节 数字赋能推动"两山"转化的现状与趋势

一、数字赋能推动"两山"转化的现状

在中国特色社会主义进入新时代的关键时期，中国共产党作出了一个至关重要的决策，那就是：以生态文明为指引，实现人与自然和谐共

生。2012年，党的十八大明确要求"实施重大生态修复工程，增强生态产品生产能力"。2016年《关于健全生态保护补偿机制的意见》指出，应探索建立多元化的生态保护补偿机制，扩大补偿范围，合理提高补偿标准，切实激发全社会对生态环境保护的热情，推动生态文明建设再上新水平、新台阶。2017年，党的十九大报告指出，"既要创造更多物质财富和精神财富以满足人民日益增长的美好生活需要，也要提供更多优质生态产品以满足人民日益增长的优美生态环境需要"。

2015年9月，"坚持绿水青山就是金山银山"被写进中共中央《关于加快推进生态文明建设的意见》。2017年10月，"必须树立和践行绿水青山就是金山银山的理念"被写进党的十九大报告，报告明确提出，建设生态文明是中华民族永续发展的千年大计，是构成新时代坚持和发展中国特色社会主义的基本方略之一；在此次会议中，"增强绿水青山就是金山银山的意识"被写进《中国共产党章程》。"两山"理念自此成为了中国共产党至关重要的执政理念之一。2018年5月，全国生态环境保护大会正式确立了习近平生态文明思想。2021年《关于建立健全生态产品价值实现机制的意见》正式印发，这是我国第一部将"两山"理念落实到制度安排和实践操作层面的纲领性文件。这一系列文件与政策措施的颁布表明，探索生态产品价值实现是生态文明建设的重要内容，是"绿水青山"向"金山银山"转变的关键路径，也是新时代必须实现的重大改革。生态产品在2010年12月发布的《全国主体功能区规划》被定义为：维系生态安全、保障生态调节功能、提供良好人居环境的自然要素，其特点在于节约能源、无公害、可再生，包括清新的空气、清洁的水源和宜人的气候等。生态产品的功能和使用价值体现在维护了生态安全和保障了生态调节功能，包括了固碳释氧、涵养水源、保持水土、净化水质、防风固沙、调节气候、清洁空气、保护生物多样性、减轻自然灾害等（李忠等，2021），用货币化的形式将这些功能和价值体现出来，就形成了生态产品的市场价值。2017年中共中央、国务院颁布《关于完善主体功能区战略和制度的若干意见》，确定将浙江、青海、江西、贵州四省作为开展生态产品价值实现机制的试点省份。2018年，习近平总书记在武汉主持召开深入推动长江经济带发展座谈会上要求"探索政府主导、企业和社会各界参与、市场化运作、可持续的生态产品价值实现路径"[①]。2020年10月《中共中央关于制定国民经济和社会发展第十四个五年规划和2035年远景目标的建议》明确指出"建立生态产品价值机制"。如图5-1所示，几年来相关政策不断推陈出新，推动生态产品的价值实现成为必然趋势。

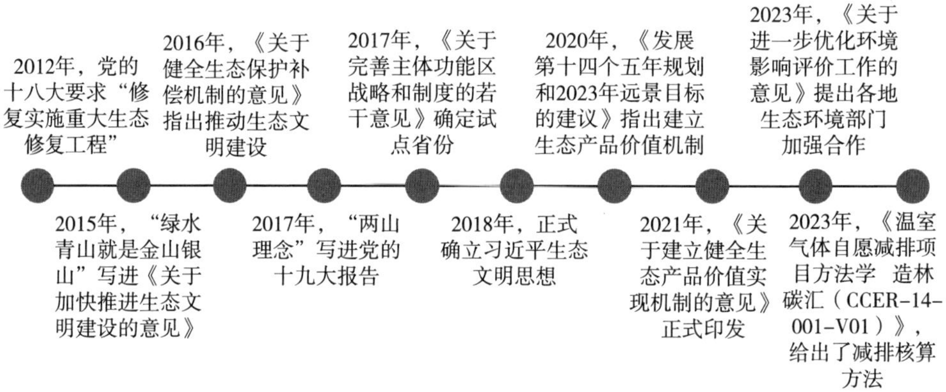

图5-1 与"两山"理念相关的主要政策时点

"两山"理念是习近平生态文明思想的核心内容，揭示了经济发展与生态环境之间的共生关系。只有将自然环境的保护、自然资源的利用和经济发展进行有机结合，才能实现我国经济的可持续发展。因此，保护自然环境就是保护生产力。而"绿水青山"作为我国经济发展的生产要素之一，要实现其向"金山银山"的转化，核心就是生态产品价值的实现。自然界作为一个系统结构是有序的，状态是稳定的，内在是平衡

---

① 习近平. 在深入推动长江经济带发展座谈会上的讲话[M]. 北京：人民出版社，2018：12.

的，人类在实现生态产品价值过程中要顺应自然发展趋势，在尊重自然规律、把握自然规律的前提下进行新模式新路径的探索，避免对生态环境造成破坏（秦书生、于欣，2021）。

二、数字赋能推动"两山"转化的未来趋势

随着数字化时代的到来，生态产品的发展也面临着新的机遇和挑战，同时也为生态产品的价值实现提供了强大的助力。数字化技术使得生态产品的信息传播更加高效。通过互联网、社交媒体等数字平台，生态产品可以迅速传递给更广泛的受众，增加曝光度和知名度。同时，数字化技术还可以帮助生态产品建立起与消费者的紧密联系，通过精准的推送和个性化的服务，满足消费者的需求，提高消费者的满意度。数字化技术为生态产品的营销和推广提供了更多的渠道和方式。通过数字化平台，生态产品可以进行多样化的营销和推广活动，例如线上展示、社交媒体推广、直播带货等。数字化技术还可以帮助生态产品进行精准营销，通过用户画像和行为分析，找到目标消费者，提高营销效果。此外，数字化技术还可以帮助生态产品进行用户评价和口碑管理，增强产品的信任度和口碑影响力。

大数据作为一种新兴的技术和工具，正日益在各个领域发挥着重要作用。在生态产品领域，大数据的应用也有着巨大的潜力。首先，运用大数据可以更好地理解和预测生态系统的运行规律。通过收集和分析大量的生态数据，可以揭示出生态系统中的关键要素和相互关系，从而更好地保护和管理生态资源。例如，对动植物迁徙数据的分析，可以更准确地了解它们的迁徙路线和迁徙时间，为保护这些物种提供科学依据。在生态产品的开发和设计过程中，大量的数据可以提供宝贵的信息和洞察。通过对用户行为和反馈数据的分析，可以了解用户的需求和偏好，从而更好地设计和改进生态产品。例如，对用户在自然保护区的游览行为数据进行分析，可以了解用户的游览路径和停留时间，从而优化游览

路线，为用户提供更好的游览体验。

大数据也可以促进生态产品的智能化和个性化。通过对用户数据和环境数据的分析，可以实现对生态产品的个性化推荐和定制化服务。例如，通过对用户的兴趣和偏好数据的分析，可以向用户推荐适合其口味的自然保护区和生态旅游线路，从而为其提供更好的用户体验。大数据还可以促进生态产品的监测和评估。通过对生态数据和环境数据的实时监测和分析，可以及时发现和解决生态问题，从而保护和改善生态环境。例如，通过对水质数据的实时监测和分析，可以及时发现水质污染问题，并采取相应的措施进行治理和改善。

利用物联网、大数据分析等技术，生态产品的生产过程可以实现智能化和自动化，提高生产效率和质量控制。同时，大数据还可以帮助生态产品进行追溯和溯源，确保产品的可信度和安全性。此外，大数据还可以帮助生态产品进行精细化管理，通过实时监测和数据分析，优化产品的生命周期和资源利用，实现可持续发展。

云计算是一种基于互联网的计算方式，通过将计算资源集中在一起，以满足用户的按需使用。它不仅为企业提供了更高效的计算和存储能力，也为生态产品的创新提供了新的机遇和挑战。首先，云计算为生态产品的开发提供了更强大的计算能力。传统的生态产品开发过程中，需要大量的计算资源来处理和分析各种数据。而云计算可以通过弹性计算的方式，根据实际需求动态分配计算资源，从而提高生态产品的开发效率和速度。其次，云计算为生态产品的创新提供了更广阔的空间。云计算可以将海量的数据进行存储和分析，从中发现潜在的业务机会和创新点，帮助企业在生态产品的设计和开发中作出更准确的决策。此外，云计算还可以通过虚拟化技术，将不同的计算资源进行整合和优化，提高生态产品的性能和稳定性。最后，云计算还可以为生态产品的推广和运营提供支持。通过云计算，企业可以将生态产品的服务和功能快速部署到云端，为用户提供更好的体验和服务。同时，云计算还可以通过大数据分析和人工智能等技术，为企业提供更精准的用户画像和市场洞察，帮助企业更好地定位和推广生态产品。综上所述，云计算的发展和应用，为生态产品的创新和发展提供了强有力的支持和推动。

数字赋能已经成为推动生态产品实现价值的重要趋势。通过数字化的手段，生态产品的价值得以实现和提升。大数据的运用可以促进生态产品的未来发展，提供更精准的市场分析和消费者需求预测。云计算的应用可以提高生态产品的创新能力，加速产品的研发和上线速度。

第二节 数字赋能推动"两山"转化的实现路径探索

一、精准对接

浙江各地生态产品品类众多，专注于依托独特的自然资源禀赋，立志打造具有全国影响力的区域公用品牌，实现生态产品附加值的大幅提升。例如，2014年丽水创办了全国首个覆盖全区域、全品类、全产业的农业区域公用品牌"丽水山耕"，在"丽水山耕"的助力下，丽水品质农业全产业链总产值从十年前的152余亿元，增长到2023年的600亿元；丽水农民人均可支配收入从十年前刚刚突破1万元，增长到2023年的超3万元。到2024年底，全市品质农业全产业链产值过10亿元的已有10条，像茶叶、食用菌等产业已形成了"种全国、卖全国"的格局，实现了"好生态变成好产品、好产品卖出好价钱"的生态经济目标。[1]

---

[1] 全国首个全区域、全品类、全产业链的地市级农产品区域公用品牌问世十年——丽水山耕：赋能农业，激活青山［EB/OL］.（2024-12-20）［2025-3-20］. http://www.lishui.gov.cn/art/2024/12/20/art_1229218390_57366977.html.

同时，浙江各地依托优美自然风光、遗存历史文化，大力发展生态旅居业。例如，云和县立足千年农耕文化打造了中国最美梯田，松阳县推进古老村落逆势复兴多元发展特色民宿，德清县以塑造"洋家乐"探索生态产品价值高效转换路径，永嘉县打造森林康养基地推动"氧"出健康"养"出富足模式，新昌县以融合"生态景观+生态文化"勾勒诗情画意中的"金山""银山"。

近几年随着生态产品的不断开发，市场供求不匹配的问题日益凸显，生态农产品产量丰富，销量却不尽如人意；气候调节类生态产品，如碳汇，排污权等，因信息壁垒导致供求无法透明化。现阶段生态产品市场主体不够强、标准体系支撑不够实、渠道不够新、融合度不够深等问题制约浙江生态经济发展，浙江应通过新闻媒体和互联网等渠道，加大生态产品宣传推介力度，提升生态产品的社会关注度，增加经营开发收益，扩大市场份额，发挥电商平台资源、渠道优势，推进更多优质生态产品以便捷的渠道和方式开展交易，在数字化转型中实现供需关系精准对接。

（一）打造生态产品平台，打通供需堵点

要实现供需关系的精准对接，首先要构建一个有效的生态产品平台。生态产品平台的建立，能够有效打响浙江各地生态产品的知名度，提升消费者对于生态产品的消费意向，建立投资方与供方之间的良好合作，打通各方信息交流的渠道，实现供需对接、资源整合。

在当前阶段，浙江省各地的农产品和旅游平台存在明显的层次差异。因此，建立一个综合生态农产品、生态旅游和气候调节权益三大信息的平台，被视为探索生态产品价值实现机制的关键步骤。通过对消费者需求和平台自身特点的分析，建立以游客满意度评价体系为基础的用户体验模型，并将其应用于生态产品平台中。此信息平台为用户提供产品的链接，用户可以直接跳转到专门的平台进行购买，并可以享受折扣以吸引更多的顾客。此外，当顾客的消费金额达到特定水平时，平台还会实施积分制度以给予优惠反馈。同时，生态产品平台可以作为旅游景区的补充，带动当地经济发展。大型旅游和购物平台不仅拥有庞大的用户基础和较高的平台可靠性，还具备稳健的供应链管理和成熟的商家运营模式。生态产品平台可以通过线上和线下相结合，利用社交网络传播品牌文化，并借助电商平台推广生态产品。尽管生态产品平台拥有精确的信息和政府的资源支持，但它尚未建立起显著的影响力，仍需进一步地整合资源，以更深入地发掘平台的潜在价值。另外，平台的发展离不开消费者对其信任程度的提高。通过平台之间的流量互助和生态产品平台的优惠政策，可以显著提高各参与方的知名度和信任度，还能提高用户的忠诚度。

生态产品平台要获得成功的关键在于提高其流量，因此需要向外部构建完整的链路投放算法，并学习大型平台的投放策略。同时，还要重视线上推广与线下活动相结合，以达到更好的效果。政府要加强对该平台的宣传力度，有效提高平台的曝光度，吸引更多的新用户，增强平台的知名度。平台可以参考浙江地区大型互联网企业在平台投放方面的策略，通过线上广告和线下推广等多种手段，有效地启动业务，并累积大量的基础用户。在内部，采用数据可视化技术；而在外部，利用消费者的从众心态来调整生态产品的产业结构。通过大数据分析挖掘，了解消费者行为特征，为品牌营销提供依据；向用户展示产品的浏览次数和购买数量；通过分析不同标签下的受众人群，为用户提供个性化定制服务，实现精准营销。自动创建日、月和季的数据表，并为各种标签的生态产品创建相应的排名，这不仅可以提高热门产品的曝光度，还能够加速产品在市场上的扩张，并促进消费者之间的信息传递。通过分析用户的消费行为与口碑效应，为企业提供新的营销思路，提高品牌知名度与影响力。在提高热门产品的质量的同时，也有助于增加平台的受欢迎程度。

在大数据分析的基础之上,将热门产品与当地特色相结合,形成新的销售模式。在数据统计下的冷门产品,可以按照示范区域的发展方向,由政府加强地方管理,完善支持政策,从而提高产品的质量,增加其曝光度。商家也可以依据所收集的数据来调整他们的商品种类,从而提高产品的品质。通过以上措施,让更多人了解生态产业,并参与到生态产业中来。通过竞争来推动各个地区的生态产品进步。

(二) 借力数字化技术,破解"两山"转化难题

目前如"度量困难、交易困难、抵押困难、变现困难"等一系列问题仍然限制着"两山"的转化效率,因此,当前的数字技术需要解决这些问题,以有助于提高生态环境治理的精确性和有效性,为社会提供更多的优质生态产品;同时,这些问题的解决也将有助于更精确地编制生态资源的资产负债表,实现生态资源的智能化、可视化和便捷化管理,以及动态价值评估。通过对供应端和需求端进行动态的精准画像,可以更高效和精准地匹配生态产品的供需双方,从而真正实现浙江的"生态大脑"目标。

在供给端,依靠精准画像扩大优质生态产品供给,推动生态产品价值实现。第一,进行污染的精准治理,并利用底层物联感知系统的即时数据,搭建一个包括治水数据中心、污染治理模型云中心和三维虚拟仿真平台在内的综合支持体系。通过大数据分析技术对污染源进行全面排查和动态跟踪管理,为政府提供决策支持服务。基于此,"生态大脑"可进一步完善多个部门的联合应急响应机制,确保污染事件能够自动立案、任务分派和处理反馈的完整闭环。同时加大污染源排查与管控力度,建立环境风险分级防控制度并实施动态监管。第二,加速生态环境的恢复进程,并加强对生物多样性的保护以促进生态环境的恢复。以国家公园为代表的自然保护地是我国最重要的自然资源资产,也是全球生态系

统服务价值最大的区域之一。要让5G、AI遥感等先进的数字技术在生物多样性的保护和生态环境的修复中发挥作用。"生态大脑"致力于构建一个高效、多组织协作的扁平化监测预警系统，旨在创建一个全方位、反应迅速的监测预警平台，并着重研究"大数据+指挥中心+综合执法团队"的创新模式。建立覆盖全市的数字化管理与服务能力，推动智慧化环境监管体系建设。第三，利用数字技术实现GEP的精确计算。以"生态大脑"为核心，建设基于地理信息技术的空间数据库，并依托该数据库进行各种数据分析处理和成果应用。鼓励各个设区市采用城市数字大脑、大数据和云计算等前沿技术，全面展示各种生态资源的数量、质量、分布、价格和权属等详细信息。"生态大脑"负责绘制市域的"生态产品价值地图"，并建立生态产品的空间信息资源库，从而生成可视化和触手可及的基础核算数据。此外，通过建立生态资产计量体系，对生态资产存量进行计量，为制定生态补偿政策提供依据。在此基础上，鼓励将GEP的核算成果应用于绿色发展的财政奖励、国土空间的管理、环境治理的评估以及资源配置等多个领域，从而增强政府的决策能力。第四，利用数字技术拓宽"两山"转化的途径。依托国家大数据中心平台，探索建立基于云服务的"两山"综合数据库，通过互联网+政务信息化实现数据共享与业务协同。"生态大脑"利用新基建的机会来推动数字乡村的建设，并促进生态农业与生态工业的数字化进程。

在需求端，依靠精准画像进行精准营销。借助大数据分析工具，为消费者提供更加准确的市场细分结果及相应的定制化服务，从而提高转化率。尽管传统的网络销售策略可以增加消费者的曝光度，但其在消费转换上的效率并不高，未能最大化地利用平台的流量。对于生态产品，应当继续采用传统商品的精确营销策略。这包括收集平台上的用户数据并创建数据库。通过定性或定量的手段，可以对不同的用户进行深入的分析，并根据他们的消费习惯、特点和搜索内容进行详细的描述。此外，还应使用针对性强的现代技术、方法和明确的市场策略，根据不同的地区和产品种类，为每位用户推送个性化的信息和推荐产品，确保供需之间的精确对接。

二、精准核算

"绿水青山就是金山银山"理念在践行过程中，需要实现生态产品的价值，即用货币表现对应实物产品的价值量。通过货币来衡量生态产品数量以及质量，这一直观可视的度量标准有助于人们真切认识到保护生态环境所能带来的收益以及破坏生态环境所造成的损失。在长期以破坏生态环境求得经济发展的困境下，高质量的自然资源逐步成为稀缺资源，随着人们绿色消费理念的提升，越来越多人愿意支付购买自然生态产品，生态产品占据越来越多的市场，因此建立健全一套科学且普适的生态产品价值核算体系是必然趋势。

GEP是依据生产总值（GDP）核算与生态系统价值评估为基础创建的衡量生态盈亏、量化生态系统服务供给能力的指标，其中包含了生产系统产品价值、生态调节服务价值和生态文化服务价值，GEP可以为GDP评价地区发展水平提供帮助，也可以作为衡量生态产品价值转化的标准。

GEP是近年在国内兴起的新概念，GEP可以认定为生态系统提供给人类的最终产品以及服务的价值总和。生态系统包括多种类型，主要有森林、草地、海洋、淡水、荒漠、农田、城市等七个种类。生态系统产品与服务指的是生态系统和生态发展过程中为人类生存、生产以及生活提供的客观条件和物质资源。生态系统产品包含了其中食材、木材、岩石、淡水资源等可以直接为人们所利用的物质；生态系统服务包含了构成和保障人类赖以生存以及发展的条件，其中包括了固碳，调节气候、降解污染物、缓解自然灾害等生态环境自调功能，也包括了源于生态系统组分和过程的文学艺术灵感、知识、教育和景观美学等生态文化功能。

核算生态产品价值量包括三方面的内容。一是生态产品功能量的核算，需要统计整合在一段时间内生态产品的产量、生态调节功能量以及生态文化功能量。虽然目前还没有建立系统对生态产品进行检测，但是大部分生态产品提供的功能量能够利用当前的经济核算体系得到，有一部分生态产品的功能量可以凭借当前水文、环境、气象、森林、草地、湿地等监测体系得到。生态产品价值量核算可以依靠水文监测、环境监测网络、气象台站等获得所需的数据以及参数。

二是明确各类生态产品的价格，比如单位水价、单位食材价格等。不同生态产品及其功能应当使用不同的定价方法，实际操作中主要应用了替代市场技术和模拟市场技术。替代市场技术通过"影子价格"和消费者剩余来展现生态产品价格和经济价值，具体使用的定价方法包括费用支出法、市场价值法、机会成本法、旅行费用法等。模拟市场技术则是通过人们支付意愿以及净支付意愿来展现生态产品的经济价值。

三是生态产品价值量的核算。获得各类生态产品与服务功能量核算数据后，就能够核算生态产品的总量经济价值。可以用下式计算一个地区或国家的生态系统生产总值（欧阳志云等，2013）：

$$GEP = \sum_{i=1}^{n}(EV_i \times P_i)$$

其中，EV_i 表示一个地区产生生态产品功能量，i 表示生态产品的种类（如水、空气、岩石等），P_i 表示每一类生态产品所对应的价格。

根据生态产品不同功能类型，GEP 有着不同的核算指标，如表 5-1 所示。在实际运用中，各地区会根据各自情况不同对核算指标进行调整。例如，浙江省根据省情，率先将负氧离子、景观价值等纳入核算指标体系中，创造了充分展现浙江生态特点的指标体系；在贵州省农村，薪柴仍然是重要生活能源，贵州省生态系统核算将农村薪柴使用量考虑在生态产品价值核算中，计算薪柴经济价值。

表5-1　　　　　　　　GEP核算的指标体系

功能类型	核算指标
产品提供	农业产品、林业产品、畜牧业产品、渔业产品、水资源、生态能源、其他
调节功能	水源涵养、水土保持、防风固沙、洪水调蓄、固氮释氧、大气净化、水质净化、气候调节、病虫害控制
文化功能	自然景观游憩

三、绿色金融

绿色金融对于生态产品的价值实现是不可或缺的，这也表明国家对生态环境建设和生态环境保护越来越重视。在国家"十四五"规划中，明确强调了积极推进绿色金融的重要性，并鼓励创新地使用绿色信贷、绿色资产证券化等金融工具，为生态产品的经营和绿色产业的增长提供融资保障服务。在此背景下，生态产品的价值量也逐渐被人们认知，其市场价值和社会价值也越来越受到重视。我国的生态产品种类繁多、规模庞大，《2022年中国自然资源统计公报》显示，我国有近20亿亩的耕地、60亿亩的草原、33亿亩的森林、超过10万条的河流和2.5万个湖泊，这些生态产品为我国人民带来了众多的益处。从某种意义上来说，绿色金融在促进生态产品价值实现方面发挥着不可替代的作用。显然，生态产品的价值实现为绿色经济的持续增长提供了关键支撑。然而，在实现生态产品价值的过程中，所涉及的产业催化等环节，都离不开金融行业的资金援助。换句话说，绿色金融充当了实现生态产品价值的有力催化剂，起到了至关重要的推动作用。

为了实现生态产品的价值，绿色金融提供了四种不同的途径。第一种是提供融资服务。通过绿色金融的支持，利用银行贷款、绿色债券、生态基金和政策性融资工具等手段,为各种主体提供直接或间接的融资服务,以满足他们的资金需求并增强生态产品的供应能力。在生态补偿机制下,金融机构可利用其信息优势,为不同类型的生态产品定价。第二种是形成市场公允价值,以生态产品价格为基础,建立起与生态产品价值相匹配的价格机制。持续地对生态产品期货、期权以及其他衍生金融工具进行创新,充分发挥期货交易所、碳交易所等交易平台的价格发现功能,以促进生态产品公允价值的形成,并进一步推动生态产品价值的实现。第三种是推动资产的保值和增值,利用生态产业与金融行业的合作,借助资本市场为生态产业发展提供融资支持。为了解决生态产品供应和需求之间的信息不对称,可以采用数字化手段,例如利用支付结算技术,查询生态产品的信息并追溯其产地。通过产品保险等策略,消除消费者对生态产品质量和价值的疑虑,从而不断提高产品的认可度,并推动生态产品的保值和增值。此外,还可以在现有的期货市场上引入绿色金融创新品种,为企业提供更加灵活便捷的融资渠道。第四种是加强环境的保护工作,构建一个联动机制,将金融服务与市场主体的生态环境保护行为紧密联系起来,以发挥金融在环境保护方面的引导和激励作用。

　　浙江丽水推出了如"三贷一卡一行一站"的金融产品和服务系列。在绿色金融领域进行了有益探索。(1)创新生态产品的贷款。通过建立"生态企业+绿色金融机构+农户"的模式,为农村中小企业提供生态产品融资支持,有效缓解了其融资难的问题。针对生态产品在价值转换、抵押、交易和变现方面存在的困难,创新性地设计了一种利用生态资源或权益作为抵押的生态贷款产品。(2)创新融资贷款模式。"两山贷"是一种既支持农业又促进绿色发展的创新方式,与传统的贷款相比,它具有更高的额度、更低的利率和更快的放款速度。(3)创新了"三边贷法"。通过建立"生态区块链+信用评估"模式,利用生态区块链对生态产品进行实时监控与管理，提高了生态产品交易效率。对生态区块链贷进行了创新，利用区块链技术确保了当地茶商交易信息的去中心化存储以及其不可篡改的特性。一是创新金融生态信用体系，金融机构依据交易信息作为贷款授信的依据，并在茶商线上进行信用贷款的发放。二是对生态主题卡的机制进行创新，生态主题卡是由农民合作社与生态企业联合制作，面向广大社员发行的一种新型金融支付工具。主要的经营模式是：农户在生态主题卡合作银行办理生态主题卡，然后持卡在农资店以优惠价格购买政府补贴的农资产品，并积累一定的生态信用积分；利用这些生态信用积分，农户可以在合作银行兑换礼品，并获得优惠利率的信用额度。生态主题卡的使用有效促进了农民增收致富和农村经济发展。三是实施了"两山银行"的评估制度，确定评价指标体系，为激励全市的银行业金融机构更加积极地进行生态产品价值实现机制的创新，丽水市政府为那些创新成果显著的银行颁发"两山银行"的荣誉称号。通过激励，引导更多的农民参与到农业循环经济发展中去，促进生态产业与农村社会和谐发展。四是创建了一个标准化的乡村金融服务站点，在原有服务网点基础上增设绿色信贷体验区和科技金融服务厅，为农民提供贷款担保和融资租赁等新型金融服务。通过整合银行自助终端和移动终端等高端设备，村民能够实现一站式的取款、查询和转账服务，借助现代化的金融服务来支持生态产品的价值实现。

江西抚州出台了《抚州市生态产品与资产核算办法》，为生态产品赋予了明确的价值标识。通过对村民发放生态补偿金来鼓励大家自觉地参与生态建设，促进村容整洁。在金融服务方面，首先是创建了"两山银行"，即设立专门的"生态资源收储中心"，由金融机构对生态资源进行收购、储备、交易及融资。其核心思想是构建生态资源的储存中心、"生态通"的操作中心以及绿色的金融服务中心等多个平台。此外，设立"生态资产证券化"项目，生态资源收储中心采用多种方式，如赎买、租赁、托管、股权合作和特许经营等，来收储生态资源，并将其整合为高质量的资源资产包，交由"生态通"运营中心进行管理和运营。通过"生态通"对生态资源进行管理、开发与交易，并将这些资源转化为可持续发展的绿色产品。绿色金融服务中心的主要职责是吸引投资，并为金融在支持生态产品价值方面提供策略，从而使生态产品能够"变现"。其次是优化融资结构，对金融产品进行创新。目前，生态资源类信贷主要集中在林权抵押、土地承包经营权质押和农业保险三类。抚州市的金融机构对生态资源经营权类的质押贷款进行了探索和创新，这包括了以排污权、林权、农村土地经营权、用水权、用能权等为标的的质押贷款。同时还开发了基于生态产业链条的生态产品类融资服务产品。针对生态产业的成长需求，推出了如"油茶贷""桔时贷""畜禽智能洁养贷"等一系列创新的生态产业信贷产品。同时还开展了绿色供应链融资服务，支持农户和农业企业参与绿色供应链管理。最后是加大对风险的补偿力度，完善生态补偿机制。为了预防金融风险，抚州市出台了《生态产品价值实现"两权"抵押贷款风险补偿金实施方案》，该方案要求政府和银行共同承担风险，以消除金融机构的担忧。此外，为了推进特色农业保险业务的创新，成立了抚州绿色保险产品创新实验室，并设立了生态风险补偿基金和科技型企业贷款风险补偿金。同时，还组建了绿色产业担保公司，以探索绿色产业"政策性+商业性"保险的可能路径。

第三节　数字赋能推动"两山"转化的浙江新实践[*]

湖州市安吉县，位于浙江省的西北部，拥有得天独厚的生态资源，

---

[*] 本节调研结果及资料来源于陈静（2022）。

截至2023年底安吉县的林业用地面积为202.9万亩，这占据了全县土地总面积的71.7%。在全国所有县级行政区中位居前列，是我国著名的竹子之乡。该地区的森林覆盖面积为198.7万亩，森林覆盖率高达70.2%。具体来说，全县共有99万亩的竹林和21万亩的白茶林，以及63.2万亩的省级以上公益林，这些都占到了林业用地的31.2%。此外，林木的蓄积量也达到了365.5万立方米。此外，安吉县是我国"绿水青山就是金山银山"思想的发源地。不仅是一个具有巨大发展潜力和独特特色的生态县，还被誉为"中国第一竹乡"和"中国竹地板之都"。同时，安吉还是全国独一无二的"两山"理论实践试点县，也是全国第一个生态县和国家级生态文明示范县。因此，本节将以安吉县的三个村庄为例，分析他们在实现"两山"转化的过程中所作出的尝试与变革。

一、安吉横溪坞村私人碳汇生态产品价值实现案例分析

在私人产品属性的背景下，碳汇的价值主要是通过市场途径来实现的。例如，在碳蓄积价值下产生的竹笋、竹材等具有私人产品属性的农林产品，可以通过直接交易的方式来发展生态产业，从而实现价值的转化。安吉县的碳汇生态产品主要具备私人产品的特性，其中包括了竹笋、高山蔬菜和竹材木材等独特的农林产品。

横溪坞村坐落在安吉县孝丰镇的西北方向，占地8.5平方公里。该村的总人口为1100人，分为325户和8个村民小组，其中中心村的人口为583人，共有178户。横溪坞村作为一个具有代表性的山区村落，拥有超过1万亩的森林，其中毛竹林占6000多亩，有机白茶有500多亩，而板栗山则有1800多亩。近年来，该村通过发展林下经济，走出了一条生态与经济效益双丰收之路，实现了林农增收致富和村域经济社会和谐发展。在2019年，该村的集体经济收益达到了263万元，而每位农民的平均年收入为4.43万元。

横溪坞村采用了"百千万红色网格",由村干部带领党员,党员带领家庭,干部与群众齐心协力,紧密围绕为民服务、村容村貌、乡风文明和产业发展这几个核心目标。经过60多年的努力,该村从一个到处都是砍柴的黄泥村庄,成功地成为安吉县的"明星村"。他们创新地提出了"四个不出村"的乡村治理模式,即"矛盾不出村、垃圾不出村、办事不出村、创业不出村"。在2015年,横溪坞成为安吉唯一的村级集体茶厂,每年为村庄带来超过100万元的额外收入。在2016年,毛竹股份经济合作社首次引入了经营模式,包括笋竹两用山、林下经济和招商引资等多种业态,这些经营模式为村民带来了超过30%的增收。同时,该合作社还充分利用生态资源,并成功吸引了2.2亿元的天然居颐养中心项目投资。至今,这个村子里共有7家企业,已经发展出了如竹制品的加工、白茶的种植与养殖以及黄花梨的种植与养殖等独特的产业。横溪坞村在多年的发展过程中,先后荣获了浙江省美丽乡村特色精品村、省级文明村、省级民主法治村和省级森林村庄等多项荣誉称号。

在实现生态产品基本价值的生产活动中,当地充分利用独有的毛竹林资源,进行相应的改造、养护和培育。目前我国林业碳汇市场还不成熟,在发展过程中面临着许多问题和困难,需要进一步完善。横溪坞村自2005年起开始对毛竹低产林进行改造,以解决毛竹林资源转化的低效率和增收乏力问题。在林业部门技术指导专家的协助下,从地下水高度、土壤成分、肥料使用和病虫害防治等多个方面进行了全面的改造和提升,旨在提高毛竹林的生产效率。

在生产和经营活动中,强调股份制的经营策略,并同时推进林下的复合种植方式。通过多种措施提升农户收入水平。横溪坞村在过去的家庭小农经营模式中,其经营收益并不显著,平均每亩毛竹山的收益仅为200元,对于农民的收入增加贡献甚微。同时,当地群众以传统竹业加工为主,缺乏创新意识,导致产品附加值低。2015年7月,横溪坞村成为全县首个成立毛竹林股份合作社的村庄，目的是解决毛竹山的经营管理问题、毛竹的销售难题和高额的劳动支出。他们采纳"统一经营、按股分红、利益共享、风险共担"的股份制公司运营策略，降低了人工伐木的成本，并实现了规模化的经济效益。同时，依托竹业资源丰富这一优势，开展了竹材加工产业开发。利用安吉县推行的"一亩山万元钱"的林下经济策略，还可以在毛竹林下种植菌菇和中草药等，从而促进林下经济的发展。横溪坞村通过在毛竹林下进行小规模的七叶一枝花等中草药套种，成功地实现了毛竹林的高效综合经营。竹农收入显著增加，林地生态得到保护，农民生活水平不断提高，促进了当地农村社会和谐稳定发展。

在市场交易的过程中，横溪坞村积极创新竹产品设计并扩展其产业链条。竹产业是我国传统优势特色产业之一。交易的商品涵盖了直接获得的农林产品，如竹笋、竹材和毛料等，其中主要是利用竹类资源和天然药物原料来制作各种竹制品及相关产业。首先，将收集到的竹笋和林下的中草药进行直接的市场交易，将竹材和其他农副产品经过一系列处理后，再进入市场流通环节。其次，将单纯的毛竹砍伐和销售生产转变为发展毛竹林的副产品和毛料，将被砍伐的原竹卖给半成品加工企业，利用拉丝等竹产品的加工和深加工技术，生产出竹工艺品、竹地板、竹家具等副产品。同时对林地资源实行保护，防止水土流失，促进生态和谐稳定和可持续发展。最后，推进第三产业的项目运营，包括出租竹林、吸引林下的休闲活动、促进休闲旅游、扩展传统的产业链，并确保竹林得到高效的使用。

在农产品的推广和营销策略中，农产品的区域公共品牌对于推动农业产业的结构调整、加速农业的现代化进程以及市场化建设都产生了深远的意义。一方面，横溪坞村采纳了"母子品牌"的管理策略，旨在为村级品牌留下遗产，并增强产品的社会影响。2017年，在"安吉冬笋"

这一母品牌的推动下，当地注册了名为"孝海竹珍"的冬笋品牌，并在母品牌的影响下成功塑造了子品牌的品牌形象，从而扩大了当地竹笋的销售渠道。另一方面，横溪坞村在交易策略上采纳了线上与线下的综合营销策略，通过与指定经销商和贸易公司的合作进行线下销售，并同时建立了村级的电子商务网络实现线上销售。

在提供综合服务的过程中，通过一系列的标签、认证和追溯制度确保了产品的高质量，充分利用了地方特色农产品和林产品的优势，从而实现了"生态溢价"，进一步推动了生态产业化并提高了价值转化的效率。关于竹笋，安吉县已经建立了冬笋的品牌管理和质量保证追溯系统。通过精心设计的系统标签和构建软硬件平台，他们在冬笋的包装上打上了母与子的商标、原产地的证明标志以及追溯的二维码，以此不断地完善和强化其追溯系统。并结合当地实际情况，制定相关标准规范，使其成为一种新的经营模式。同时，加强了部门的监管支持，定期组织人员对竹笋种植基地、生产加工、运输等各个环节进行质量监督检查，并通过政府背书和权威检测等方式，提高了产品在市场上的认可度。如今，横溪坞村已经获得了使用"安吉冬笋"地理标志证明商标的授权，这使得冬笋可以被追溯，从而彻底消除了外地冬笋的假冒问题，并将其推广到上海、杭州等大都市，大大提高了产品的附加价值。

为了更好地实现生态产品的附加价值，横溪坞村建立了农民股份制合作社，以增强其组织化水平。第一，建立了专门的工作小组，由村干部牵头负责，组建以党支部和村委会领导为主的"一班人马"，配备必要的专业技术人员，对村庄生态环境进行监测，制定相应规划及实施措施。在2015年的7月，横溪坞村特别设立了一个工作专班，由村支部书记担任组长，村两委班子成员和各自然村民组长作为成员，并邀请了县林业局的人员进行全程指导。每年年初召开一次会议研究新年度发展规划，制订具体实施方案，确保项目落地见效。第二，征集公众的反馈和意见。通过召开座谈会等形式广泛听取群众意见。通过村民代表的联系户机制，允许村民代表亲自上门，征询每个家庭的意见和建议，同时开展"我是林农"活动，让全村群众广泛参与林业生产建设，增强他们对林业发展重要性和必要性的认识。第三，关于培训的动员工作，邀请专家对每个村进行摸底调研，并根据不同情况制订出详细可行的实施方案。基于民意调查，连续三次组织了动员大会，旨在向村民普及股份制合作社的基本理念和盈利模式。最终，通过广泛的宣传和动员，推动了90%的村民形成了入股意识，并将村里297户农户的6784亩毛竹山以折价入股，成功创建了安吉县第一家毛竹股份专业合作社，并对合作社成员进行分类指导。第四，为了确定每家农户的毛竹股份占比，在全村范围内选派了24名对毛竹有深入了解且素质较高的村民，他们被分为6个小组，并根据每户的毛竹数量来确定每个农户每度毛竹的基数，也就是毛竹的重量。第五，组建管理公司并进行规范化运作。同时，也确立了相关的议事规程、财务规定以及监督机制。第六，资金保障，从政策层面对股份制合作社进行扶持，制定出台一系列优惠政策支持其发展。横溪坞村的毛竹股份制合作社与传统的专业合作社有所区别，它通过共同分享利益和承担风险，成功地解决了传统合作社可能面临的市场负债问题，实现了从碎片化和低效的经营模式向集约化、规模化和高效的经营模式的转型。

在人力资源方面：一是加大培训力度，以提高员工的专业能力和整体素质；二是加大宣传力度。从2015年开始，横溪坞村与君澜酒店和杭州李生艺术学院建立了合作关系，共同培训了53名农技和经营管理的专业人才，同时也鼓励村里的居民自主创业，并鼓励有才华的人回到家乡创业。同时还建立了"一村一名大学生"计划，为乡村振兴输送优秀人才。除此之外，安吉在各个乡镇和街道都设立了专门的培训中心，进行新型职业农民的培训、农民的素质教育项目以及农村劳动力的转移培训等多种农业人才的培训活动。在乡村治理层面，建立"村企共建"机制，通过组建产业发展联盟，促进企业参与村庄规划建设，以解决村级集体经济薄弱问题。安吉县还组织专家到农村提供专业技能和知识的培训，包括农业面源污染控制技术、平衡减量施肥以及氮磷负荷减少等方面，目的是提升村集体在生产和经营管理方面的能力。

在技术开发领域，采用了数字化技术来为整个过程赋能。基于"互联网+"，构建数字化供应链管理平台。随着数字技术的广泛应用，信息的采集、储存、分析和分享变得更为智能，这不仅有助于资源的流通和交易成本的降低，还推动了生产效率的增长，满足了多样化和个性化的用户需求。同时，借助信息技术，可有效避免传统销售中信息不对称导致的逆向选择问题。安吉县推出了专为安吉冬笋设计的追溯系统客户端、监管端以及对应的手机App。在这个系统中，冬笋的生产、监管和运营主体都可以直接录入相关信息，消费者可以通过扫描相应的二维码来进行查询。因此，在横溪坞村，人们可以通过这个系统上传与"孝海竹珍"冬笋有关的资料，而购买者则可以扫描产品的追溯码来获取这些信息。

在政策和制度方面，采取了奖励措施，以形成一个稳定的政策氛围。其一，通过制定和完善相关法律法规来保障农户利益，并建立起一套行之有效的监督机制。通过激励政策，可以创造一个积极且稳定的政策氛围，这有助于有效地推动品牌的建立，并鼓励经营者增强对产品质量的认知，从而确立他们的质量意识和品牌意识。同时，通过完善相关配套设施建设和服务，加强基础设施建设，为品牌创建创造良好的生产经营条件。得益于安吉县在品牌建设和科技创新等领域的大力支持和鼓励，横溪坞村成功地塑造了自己的品牌形象。其二，通过政府扶持和龙头企业的带头作用，促进农村经济结构优化调整。安吉县出台了一系列的财政补助措施，这些措施旨在激励农户合作社、企业等实体提升其产品的品质，进一步促进品牌集群的成长，并通过品牌的生态化、现代化、文明化和集约化来推动安吉竹产业的进步。在政府扶持方面，从资金、税收以及补贴等多方面出台相关政策，确保农村集体经济实力不断增强，农民增收能力持续提升。在推动品牌成长的过程中，实施了分级和分类的奖励制度。对于那些获得国家级、省、市级农产品质量奖的实体，提供1万~2万元的奖金；而对于那些获得公共品牌认证或地理标志登记证明的实体，提供5万~10万元的奖励。同时还建立了"绿证"制度，将获得绿证的人员纳入相关管理部门考核体系中。在技术革新领域，为了鼓励各个合作社和专业机构进行技术革新，对于已经通过验收的竹林生产机械化试验示范基地中的毛竹专业合作社和其专业团队，将提供高达50万元的资金支持。

推进金融对农业的支持，并执行与农业相关的政策保险。近年来，随着政府对生态环境保护的重视程度不断增强，各地开始积极推动绿色产业发展。由于农林产品的生产周期较长、回报缓慢以及对环境的巨大影响，农林产品市场遭遇了许多难以控制的挑战。当前的农业保险产品主要针对自然灾害的风险，其在保护市场风险上的效果相对有限。因此，农产品价格指数保险成了一种新的市场风险化解手段。安吉县推出如毛竹收购价格指数保险这样具有地方特色的环保保险产品，为经营者提供了一个对冲市场风险的有效途径，确保了农民的权益得到真正的保障。以毛竹的收购价格指数保险为背景，县级财政部门提供了75%的保费补贴，而农户需要自行承担25%。当出现"竹贱伤农"的现象时，保险公司会根据合同条款进行赔偿，这无疑推动了毛竹业务向规模化和集约化方向发展。

二、安吉大里村准公共碳汇生态产品价值实现案例分析

竹林碳汇不仅可以通过利用具有私人产品特性的碳汇生态产品来发

展生态产业以实现其价值,而且在竹林碳固定价值的背景下,产生的具有准公共产品特性的竹林碳汇也可以通过政府与市场的合作模式来实现其价值。通过对其投入与产出分析,可以看出毛竹林具有较高的经济和生态效益,是发展山区特色农业重要的物质基础之一。虽然安吉拥有丰盛的林业财富,但其碳吸收的增长却相对较少。究其原因是竹林经营存在较大问题。根据估算,安吉县的森林植被碳储量达到了323万吨,年碳汇量为32万吨。其中,竹林森林植被的碳储量为134万吨,而年碳汇量仅为0.05万吨,分别占到了41.5%和0.16%的比例。浙江省的竹林年碳汇量甚至是负数,这不仅突显了竹林经营的重要性,也表明安吉开展竹林经营以促进固碳增汇具有巨大的潜力。近年来,随着低碳理念逐渐深入人心,越来越多的人开始关注竹林生态系统的固碳作用,并积极投入竹林生态建设中。根据估算,安吉县的毛竹林2022年的固碳能力大约是0.39吨/亩,已经有2.1万亩的竹林经营碳汇交易项目的储备面积,每年可以产生大约8000吨的碳汇。因此,研究并发展适合当地特点的竹林经营模式是十分必要的。通过对已有的竹林进行生态化的经营活动,例如实施施肥、保留竹笋采伐、割灌除草、林地垦复等措施,可以促进竹林林分的生长,控制竹林土壤的过度扰动,从而保持和提高竹林的生长量、碳储量和其他生态服务功能,进而增加竹林的碳汇。

山川乡的大里村坐落在安吉县的南部地区,占地8.39平方公里,由6个村民小组组成,共有356户农家,总人口为1110人。近年来,该村立足实际情况,因地制宜,积极实施"五化同步"战略,着力抓好村级党组织建设和基层群众自治组织的规范化运行工作,取得了明显成效。在2020年,该村的集体经营性收入达到了372.86万元,而农民的人均收入为45403元。2022年,包括大里村在内的山川乡有四个村在"两山银行"平台上进行了竹林碳汇的直接收储,总共获得了664278元的收益，具体情况如表5-2所示，其中大里村的收储面积和合同支付金额是四个村中最高的。

表5-2　　　　　　安吉县山川乡竹林碳汇收储情况

乡镇、村	经营主体	面积（亩）	支付额（元）
山川乡大里村	安吉大川竹笋专业合作社	5425	275471
山川乡高家塘村	安吉指南竹笋专业合作社	4080	207174
山川乡马家弄村	安吉联川竹笋专业合作社	2145	108919
山川乡山川村	安吉会石弄竹笋专业合作社	1432	72714

这为村集体带来了直接的经济利益，使其能够实现类似公共产品的竹林碳汇价值，同时储存的竹林碳汇也满足了安吉县内各企业的碳购买需求。支付金额将直接分配给村集体，并由村集体进行进一步的再分配。近年来，随着政府对生态环境保护的重视程度不断增强，各地开始积极推动绿色产业发展。

在生态产品的基本价值实践中，安吉县大里村通过"两山银行"这一平台实现了竹林碳汇价值。利用"政府引导企业和社会各界参与、市场化运作"的服务体系，他们集中、大规模地收购、经营和交易分散的竹林碳汇资源，并试图通过一个内外双重循环的交易机制，实现竹林碳汇资源从资产到资本的转化。

在生产资源的管理层面，大里村深入了解竹林的碳汇情况，并进行科学的经营策略。在林业生产上，根据竹类特点和市场需求，调整林种结构、优化产业结构。自20世纪80年代起，安吉县因为集体林权的改革，开始根据人口分布实施分山到户的政策。为了确保竹农获得合理收益，政府对农户进行统一管理并制定相关政策鼓励发展毛竹产业。但是，随着时间的推移，毛竹林的产量可能会有所波动，因此有必要重新进行认证审核，以准确了解竹林的碳汇资源状况。根据竹农意愿和实际需求进行调查分析发现，大部分农户没有能力购买到竹林资产，且对竹产业发展缺乏信心，认为竹林经营难度大，收益不稳定，不利于长远发展。因此，在得到村民的同意和许可后，按照股份比例进行股份转换，以实现统一的经营模式。该模式有效地解决了竹农的实际问题，促进了当地竹产业的发展，也提高了林改政策的落实效果。

在生产和经营活动层面，大里村选择了股权合作的方式，以达到规模化的经营目标。在生态环境保护方面，利用碳汇林等技术来改善生态环境，减少二氧化碳排放量，保护生物多样性。大里村采用安吉大川竹笋专业合作社作为基础单位，进行竹林碳汇的经营活动。他们以山林作为投资的价格，并通过产出将其转化为股份，同时也设定了最终的分红比率。在造林技术上，采取人工抚育间伐、幼林施肥管理和竹林覆土除草保墒等措施，提高竹林质量和林分稳定性。安吉大川竹笋专业合作社不仅是林地的管理者，同时也是碳汇的提供者。他们需要根据《竹林碳汇项目经营方法学》的准则，投入适当的资金或与林业项目相配套的资金，对林地进行管理和改造，或新增植树造林项目，以持续产生碳汇，并最终形成竹林碳汇的产品集。竹林经营的目标是在不改变现有竹林生态功能和利用方式的情况下增加森林碳汇，从而达到提高林农收入的目的。主要的竹林经营活动涵盖了多个方面，包括推动竹林的发笋和培笋、优化竹林的结构、有效地进行竹林病虫害的预防和治疗，以维护竹林的健康状况，以及将竹种更新为具有强固碳能力和高综合效益的竹种，还有稳定土壤碳库等多项措施。在此基础上建立竹林碳汇产品供应体系，包括组织机构设置、人员队伍建设、碳汇交易制度及相应配套改革。"两山银行"对最终生产的竹林碳汇进行了计量批准，并统一进行了收储，从而进一步减少了交易的成本。

在市场交易层面，大里村致力于构建一个内部和外部双重循环的交易模式。在"一带一路"倡议下，通过国际合作方式实现对外和对内两个方向的双向贸易发展。在内循环的模式下，竹林的碳汇资源主要在当地县域进行流通和交易。大里村的竹林碳汇在平台上被储存,从而在碳汇供应者、企业需求者、金融机构和两山公司之间建立了资金和碳汇的连接。在外循环模式中,通过设立碳汇源市场、碳交易市场以及碳金融衍生品等方式实现碳汇的价值转移。无论是碳汇的供应者还是需求者,都有机会从金融机构那里获得碳汇贷款的优惠,从而形成资金流动。同时,通过对企业的信贷支持和碳汇供给双方信息共享,降低了交易成本,提高了交易效率。并且,企业对碳汇的需求推动了碳汇从供应方通过"两山银行"流向市场需求方,这也导致资金向碳汇供应方流动。此外,在"互联网+"思维下,通过建立第三方支付平台,可实现资金流转过程中的实时监测以及结算功能,并能对碳汇源地产生一定影响。

三、安吉姚村纯公共碳汇生态产品价值实现案例分析

对于碳汇直接产生的纯净空气,以及碳汇项目所提供的如水源保护、物种保护等具有公共产品特性的碳汇生态产品,其价值主要是通过政府的政策支持、规范、财政转移支付和补助等手段来实现的。

值得强调的是,我国的林业碳汇是由森林生成的。因此,我国采取了森林分类经营的方式,并根据森林的主导功能将其分为商品林和生态公益林。在此基础上,将林业分为商品林与生态公益林两大类。商品林的主要目标是通过供应农林产品、木材和竹材等,以实现经济收益的最大化。在这一前提下,可以将商品林分为一般商品林和商品公益林。生态公益林主要以其生态和社会效益为核心功能,涵盖了防护林和特种用途林,这些森林可以进一步分类为国家级、省级以及市县级。由于生态公益林在整个生态系统中发挥着重要作用,因此,它也属于森林碳汇的范畴。无论是商业森林还是生态公益林,它们都具备生成上述三类碳汇生态产品的碳汇能力。由于碳汇具有准公共物品特性,所以政府在制定林业政策时不能完全按照市场原则进行,而是应该对这两类森林实施不

同的经营模式,并采取相应的财政手段进行调控。商品林中的碳汇生态产品可以通过与农林产品的直接交易来实现其生态价值。但是,公益林的建立主要是为了保护和改善生态效益,这使得将木材(竹)和农林产品推向市场变得困难。相反,公益林产生的清洁空气、干净水源、安全土壤、碳固定等调节服务产品则被社会公众免费享用。因此,在我国现行法律中并没有明确地对公益林进行碳汇生态产品补偿,也没有相应的资金支持。按照森林法的相关规定,国家专门建立了一个针对森林生态效益的补偿基金,该基金用于生态公益林的营造、抚育、保护和管理,以实现具有纯公共产品属性的碳汇生态产品的价值。从经济学角度来看,商品林和纯公益林均具有非竞争性特征。简而言之,由于商品林的经济特性,它更多地关注私人产品和准公共产品的碳汇生态产品价值,而生态公益林因其公共特性,更多地关注准公共产品和纯公共产品的碳汇生态产品价值的实现。

鉴于商品林所提供的纯公共碳汇生态产品的经济导向,政府更倾向于通过各种政策和法律手段为其提供支持。例如,在2019年发布的《天然林保护修复制度方案》中,明确提出了"全面停止天然林商业性采伐"的政策,并为那些已经停止采伐的天然商品林提供了一定的经济补助,以增强其生态价值。从长远来看,随着我国生态环境问题日益严重,政府需要更加注重商品林可持续经营。例如,安吉决定全面中止天然商品林的商业伐木活动,并为各个乡镇提供了停伐和管理的补助资金。根据林地的权属分类,2021年总共发放了88.52万元的停伐和管理补助,涉及的补偿面积为55991亩。这表明政府已经开始重视对天然林的恢复和管理。另外,新修订的《中华人民共和国森林法》明确表示,在确保生态安全的基础上,鼓励商品林的发展。这套制度框架为商品林中具有纯公共特性的碳汇生态产品的价值实现提供了有力的政策支持。这些具有纯公共属性的碳汇生态产品能够通过生态产业化经营和竹林碳汇交易产生的收益来实现生态回馈，从而实现"金山银山"的目标，进一步提升"绿水青山"的价值。

尽管如此，以生态为导向的生态公益林的采伐受到了限制，并且不能进行流通，由此产生的私有碳汇生态产品很难通过市场化和产业化的方式来实现其价值。此外，由于生态公益林经营管理过程中存在外部性问题，在一定程度上会造成碳排放增加，不利于我国经济的可持续发展。因此，对于由生态公益林产出的纯公共碳汇生态产品，其价值的实现主要是由政府主导的。在现阶段，政府对生态公益林碳汇量进行管理和核算存在一定的困难和障碍。

姚村，作为安吉县最大的国家级生态公益林的一部分，坐落在安吉县杭垓镇的西南方向，与安徽省宁国市相邻。这个行政村占地20平方公里，由5个自然村和18个村民小组组成，共有562户农家，总人口达到1886人。姚村拥有丰富的自然生态资源，其中林地的覆盖率高达95%，它是一个典型的山林大村，包括24000亩的毛竹林、100亩的松树、1500亩的杉树和360亩的茶叶。

为了贯彻"受益者获得补偿"的理念，安吉县在碳汇生态产品的纯公共产品属性价值评估中，主要选择了政府途径。在对现有的森林资源和水资源进行详细梳理后，他们通过执行纵向补偿策略来推动这些价值的实现。横向补偿机制包括对森林生态效益和社会效益进行补贴。纵向生态补偿主要以上级政府向下级政府进行财政转移支付为其显著特点。

在生产资料层面，依据浙江省的国家级公益林划定和安吉县的国土空间规划，姚村内拥有安吉县规模最大的国家级生态公益林，这占据了该村林地总面积的87.3%。因此，对于这些珍贵的林业资源，需要加强管理，确保能够得到有效利用，并发挥出应有的效益。在之前提及的孝丰镇的横溪坞村，其10300亩的林地中，仅有20%是生态公益林。在这些林地被确定为公益生态林之后，姚村中止了对毛竹山的不合理砍伐和经营,并关闭了村里的拉丝厂和竹加工厂,同时开始对毛竹林进行维护和提高其质量。另外,还积极引导村民发展林下经济,鼓励村民种植竹荪等食用菌产品,增加农民收入。在生态管理领域,村民与村集体共同参与公益林的经营和维护工作,严格遵守安吉县的森林资源保护政策,对如竹林、白茶林、板栗林等关键林地和森林资源进行生态恢复项目,以提高毛竹林生态系统的整体质量和稳定性。

在生态补偿层面,政府采用了纵向支付的方式进行补偿。对于姚村的集体补偿标准,它是基于《安吉县森林生态效益补偿资金管理办法》的规定,并根据不同的林地类型来确定补偿的对象,具体细节见表 5-3。从补偿内容来看,主要包括林农造林绿化项目补助和森林抚育补贴两个部分。关于补偿的强度,姚村根据安吉县发布的《浙江省森林生态效益补偿资金管理办法》获得了对应的森林效益补偿资金。在补偿范围方面,主要包括国家重点公益林和其他林业项目以及社会公益设施等。在这之中,达到省级或更高级别的公益林的生态效益补偿标准定为 40 元/亩。其中,每亩的补偿性支出为 35 元/亩,护林人员的管护费用是 3.5 元/亩,而公共管护费则是 1 元/亩,管理费用则是 0.5 元/亩。

表 5-3　　　　　　安吉县公益林补偿对象与林地类型

林地类型	补偿对象
公益林林木所有权和林使用权归个人的承包山(毛竹林除外)、自留山	农户
公益林中毛竹林按林地所有权属进行补助的林地	相应集体经济组织
公益林林木所有权和林地使用权归乡镇(街道)、村、村民组集体经济组织的集体统管山	相应乡镇(街道)、村、村民组集体经济组织
公益林已依法签订承包、租赁等流转合同的林地	合同协议约定的受益人

在营销推广层面,姚村积极地采纳了"两山"的思想,并主动地遵循了双重的限制。通过加强制度建设和宣传教育,提升了村民对环境保

护意识和行为。一方面，姚村实施了理念的软性约束。通过开展环境宣传教育活动和组织环保志愿者等形式强化群众观念意识。在一个积极的社会环境中，姚村的村民始终铭记并积极响应"两山"的理念，致力于生态环境的保护。他们通过成立林业协会、开展义务植树活动、创建绿化村庄以及发放"森林手册"等方式强化对群众环保意识的教育。另一方面，姚村执行了村规民约的严格限制。姚村在村规民约中明确规定了"严格禁止盗窃竹木和冬春笋""倡导避免使用除草剂和剧毒农药""鼓励使用有机肥药"等条款，这为姚村的村民参与公益林的保护和建设提供了有力的约束。

在提供综合信息服务的过程中，姚村依据杭垓镇在2016年底发布的《杭垓镇生态环墙保护考核奖励补助办法》制定了奖惩机制，以激发全村居民对生态保护的热情。通过对村民发放生态补偿金来鼓励大家自觉地参与生态建设，促进村容整洁。在这个办法中，设定了10个单项考核指标，包括环境综合整治、农村生活污水处理和垃圾分类处理，以及1个加分指标。这不仅允许林业、水利和环保等相关职能部门进行评估，还鼓励公众参与评分过程，从而激励全村的干部和群众更加积极地参与到生态保护工作中。通过对各分项考核成绩加权求和得到总分值，并以此为依据确定各条线单位的奖金数额，从而使每个村民都能获得相应的奖金。为了鼓励更多的干部和群众参与到生态环境的保护工作中，县政府为镇上分配了适当的生态补偿金。其中，50%的补偿金被用于民生项目的建设，而剩下的50%则用于各村的环境保护面积补助。此外，各村的村委班子成员、下派书记、大学生村官和后备干部等也将获得个人奖励，以表彰他们在环境保护方面的贡献。对每个村均制定详细的奖惩措施，并建立相应的考核制度。除此之外，姚村与杭垓镇的高村和吴村联合发布了通知，共同组建了一支生态环保团队，并严格执行了奖励制度。通过以上措施的有效落实，使得全县上下形成"人人关注环境、人人有责"的良好氛围。关于村级干部,已经建立了一种机制,该机制将村级干部的奖金与生态环境保护的考核成果相挂钩。

在基础设施方面,除了村委会,姚村目前有意向成立股份制合作社进行统一的山林经营和管理,盘活村内闲置资源与其他基础设施,依靠姚村自身打造良好的生态文化氛围。

在人力资源方面,借助对政府内外部人员的招聘、培训、管理,促进参与主体能力建设,提高人员素质。在县林业部门专家指导和全村人民共同努力下,姚村实施封山育林和森林质量精准提升工程,进行森林中幼林抚育和低效林改造。

在技术开发方面,离不开数字技术的全过程赋能,例如探清森林资源,进行公益林等级划分等。安吉县通过对公益林加强信息化建设,不断完善公益林矢量数据,全面整合并同步更新公益林区划落界结果和森林资源管理"一张图"数据库,做到小班界线和面积一致。

在政策制度方面,依托"林长制",强化森林保护力度。安吉县于2017年提出建立"林长制",建立健全森林生态安全治理长效机制。以姚村为例,由村支部书记担任三级林长,负责发动干部群众参与林业相关工作,制止毁林开垦、非法占用林地等活动,将生态公益林保护、生态修复、古树名木保护等工作落到实处。

第六章

数字赋能共同富裕的保障机制

扎实推进共同富裕，是我国第十四个五年规划和2023年远景目标的重要内容。当前，以大数据、5G技术、人工智能等现代信息技术为主导的新一轮科技革命深刻改变了人们的生产方式和生活方式。数字技术与实体经济的深度融合，催生了以数字经济为核心的新兴经济形态，在提高经济效率、优化资源配置等方面发挥着重要作用，推动中国经济从高速增长向高质量发展转型，为实现共同富裕提供了源源不断的动力。

发展数字经济和实现共同富裕之间存在内在逻辑的一致性。从时间维度来看，中国推进共同富裕的进程与数字经济时代的发展轨迹高度吻合，实现更高水平和层次的共同富裕，必须依托于当前的经济阶段。从路径维度来看，数字经济和共同富裕的契合性明显。共同富裕旨在解决发展不平衡不充分的问题，通过共享式增长方式取得实质性进展，其核心在于创造更多财富并共享发展成果。数字经济具有显著的普惠性和分享性，数据作为关键的生产要素，不仅可以无限生产，还能被复制和共享，为共同富裕提供了高效实现路径。

本章在已有文献和理论分析的基础上，明确数字赋能共同富裕的必要性和作用机理，深入探讨当前数字赋能推动共同富裕过程中所面临的问题、挑战以及政策诉求，通过分析数字经济赋能共同富裕示范区建设的实施情况，总结相关经验，从高质量发展、协调发展、普惠共享和改革创新等角度出发，构建以数字化发展推动共同富裕的保障机制，为数字赋能共同富裕实践提供理论依据和指导，总体框架如图 6-1 所示。

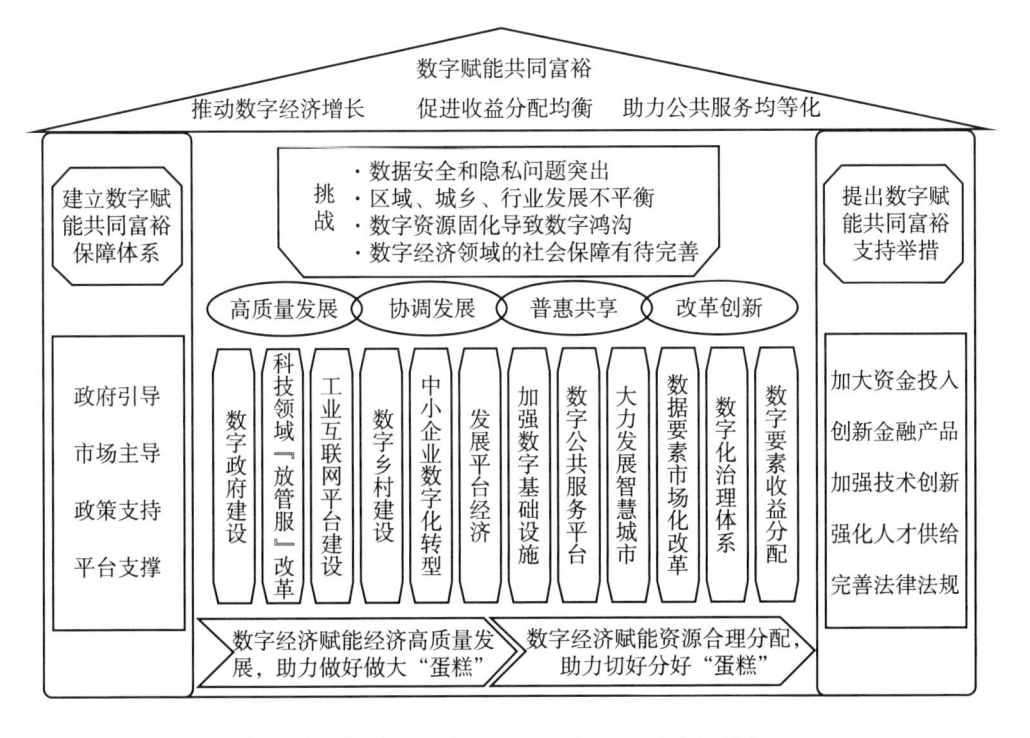

图 6-1 数字赋能共同富裕保障机制的总体框架

第一节 数字赋能共同富裕保障机制的构建

一、数字赋能共同富裕的必要性

在持续推进经济高质量发展的同时，促进经济的均衡性增长，优化收入分配制度，缩小不同群体、区域以及城乡之间的要素分布和发展差距，是实现共同富裕的保证和主攻方向。数字经济作为推动经济稳步增长和均衡发展的新动力，能够通过赋能产业转型和模式创新，加速创造社会财富。同时，数字技术的通用性、协同性和共享性等特点有助于促进区域协调发展,增强数字经济红利的普惠性。因此,以数字化发展推动共同富裕,不仅有助于做大共同富裕的"蛋糕",还有助于更好地分配共同富裕的"蛋糕"。

(一)推动经济高质量发展,助力做大做好共同富裕的"蛋糕"

数字经济成为推动经济增长的重要引擎。首先,作为技术驱动的数据要素,数字经济在改进生产技术和方法、优化经营模式和流程、提升产品和服务价值等方面发挥着积极的推动作用,有助于促进经济增长。其次,在数字经济时代,数字平台成为企业和消费者交易的重要场所之一,通过打通线上线下,实现信息、资源、人员和物质的精准匹配,数字平台能有效提高资源配置效率,降低交易成本。此外,数字经济不仅能催生传统经济模式下无法出现的新模式、新业态和新行业,找到新的经济增长点,还能通过其透明的交易和评价机制,维护和扩展原有市场,扩大市场规模。

数字经济能有效促进经济均衡发展。数字和信息的高流动性,使得产业集聚受到地理要素的限制减弱,数字平台也为供需双方提供了高效、流畅的对接渠道,为各区域协调发展创造了条件,有助于缩小区域发展差距。同时,不同乡村根据生产基础和发展目标因地制宜制定的差异化发展策略,以及数字技术与乡村产业链的深度融合,有助于创新乡村发展模式,推进乡村振兴,进一步缩小城乡发展差距。以平台为代表的数字经济能够打破时空局限,打通线上与线下,在一定程度上阻断资本规模形成的垄断,形成国内统一大市场,为中小企业提供市场准入机会和公平竞争环境。

然而,数字经济的增长效应并非完全均衡。在数字经济发展初期,数字技术和数据资源主要掌握在少数人手中,导致资本收益高于劳动收益,只有少数群体能够享受到"数字红利"。但随着数字技术的普及和应用场景的深化，其通用性和共享性特点将逐渐增强数字经济的普惠性，使更多人能够享受到数字经济发展带来的益处。

（二）优化收入分配，分好切好共同富裕的"蛋糕"

做大"蛋糕"和分好"蛋糕"缺一不可，发展和分配必须兼顾。通过发展数字经济，进一步提升劳动者在经济活动中的技能和贡献，充分发挥数据要素在收入分配体系中的调节作用，夯实按贡献分配的现实基础，扩大中等收入群体规模，完善低收入群体的社会帮扶体系，更好地彰显体现效率与公平的收入分配原则。

在数字经济时代，通过扩大就业机会、提供更便利的数字教育培训、优化金融服务等多种方式，能让更广泛的群体享受"数字红利"。数字经济的快速发展能够创造大量就业机会，例如通过培育数字产业、鼓励创新创业等，提供更多的就业岗位。同时，丰富的数字教育和培训资源有助于提升人们的技能和知识水平，从而提高人们的就业能力和薪资水平。此外，数字技术还有助于解决融资难的问题，为中小企业和个体工商户提供更多的发展机会。可以看出，数字经济不仅有助于提高效率，还有助于提供更公平的机会，促进收入分配优化，为实现共同富裕奠定坚实的基础。

（三）推动公共服务均等化、便利化

共同富裕不仅涉及收入增长和分配优化，还包括居民能够切实享受到的更高水平的公共服务。优质的公共服务是群众最关心、最期盼、最有获得感的领域之一，数字经济能够通过弥补公共服务短板、完善公共设施等多种方式，推动基本公共服务的均等化和便利化。

首先，数字经济有助于弥补公共服务短板。数字平台可以发挥其在教育、交通、医疗等民生领域的重要作用，成为具有公共服务性质的社会化主体，为政府和企业提供技术、数据和市场支持，从而在一定程度上缓解公共服务供给不足的问题。例如，在公共卫生服务领域，可以通过数据分析精准地进行疫情监测和防控，将公共卫生风险降到最低。

其次，数字经济有助于提升政府服务能力。大数据和数字技术的应用有助于政府改进治理方式，提高服务能力，推进电子政务服务改革，使政务服务变得更加便利、高效和友好，提升群众对政府服务的满意度。

最后，数字经济促进了公共设施的充分和平衡发展。数字基础设施的普及性和通用性对区域均衡发展具有重要意义。通过完善数字基础设施，加强各地区之间的信息联通，提升当地的公共服务水平，有助于缩小"数字鸿沟"。比如，在乡村振兴过程中，通过数字化新基建将公共设施延伸到广大农村地区，可以有效缩小城乡之间在基本公共服务方面的差距，推动城乡公共服务均衡发展。

二、数字经济促进共同富裕面临的现实困境

尽管数字经济的发展为共同富裕提供了强大动力，但也面临着数据安全和隐私问题、数字鸿沟、发展不平衡不充分以及相关法律法规不完善等现实挑战。

（一）数据安全和隐私问题

数据作为数字经济的核心资源，其高效运作依赖于数据的收集、处理和共享。然而，这些数据在记录使用者个人信息、偏好和行为时，也带来了一系列隐私和安全问题。

首先，数据泄露和黑客攻击已成为重大隐患。数据泄露不仅可能对个人和组织造成巨大损失，还可能对国家安全构成严重威胁。其次，我国数字经济领域的法律制度建设滞后于数字经济发展步伐，如在数据确权、数据交易、数据安全监管等方面的法律法规尚不健全，导致不同行

业、产业和企业间的数据联通、整合和共享不足，制约了数字经济的进一步发展。此外，现有法律法规对数字隐私和安全问题的监管和惩罚力度不够，加之较高的数字经济门槛衍生的数字不平等现象，使得互联网平台寡头垄断、大数据杀熟、算法滥用和流量买断等问题愈发突出，增加了数字治理的难度和复杂性。

（二）区域、城乡、行业发展不平衡不充分

尽管数字经济在推动我国经济高质量发展的进程中发挥了显著作用，但区域、城乡、行业间的发展不平衡不充分问题也日益凸显，成为实现共同富裕道路上的新挑战。

数字经济区域发展差距显著。《2020中国数字经济发展指数（DEDI）》数据显示，我国数字经济发展指数平均值为29.6，其中广东、北京、江苏等10个省（市）的指数值高于全国平均水平，呈现出由东部地区向中部地区辐射和扩散的空间分布特征。由于各地区在经济基础、数字基础设施、产业基础等方面的明显差异，各省区市的数字产业化和产业数字化规模大相径庭，进而呈现出数字经济发展的空间不平衡特征。

数字经济城乡发展差距明显。从数字经济构成要素来看，市域内的数字化基础设施、数字产业结构规模、数字劳动力、数字公共服务等方面均明显优于乡村地区。这一发展差距制约了城乡融合进程，不利于乡村的数字化转型和数字红利的共享，阻碍了数字经济赋能城乡共同富裕的进程。

数字经济行业发展差距较大。尽管数字经济行业渗透率逐年稳健增长，但仍面临数字经济与实体经济深度融合不足、行业发展不平衡不充分等挑战。例如，资本密集型产业的数字化发展水平高于劳动密集型产业，重工业高于轻工业。行业内普遍存在实体经济数字化渗透率低、传统产业数字化转型基础薄弱、产业数字化协同水平较低、低端产业供给过剩与中高端供给不足等问题。这些问题加剧了行业间的数字经济发展差距，影响了数字经济在赋能共同富裕中的整体效能。

(三) 数字鸿沟问题

在数字经济的浪潮中，优质信息资源和先进数字技术的获取门槛较高，加之部分互联网平台的寡头垄断、企业的不正当竞争以及社会阶层固化等现象，使得部分群体难以及时获取有效的数字技术资源，导致了数字壁垒和数字孤岛的形成，产生了数字鸿沟问题，进一步拉大了贫富差距。在数字经济的市场竞争中，数字资源的占有情况可能成为重新划分社会群体界限的依据，日渐固化的"数字圈层"构筑出新的社会分层结构，导致"数字精英"与"数字穷人"之间的对立，陷入"穷者愈穷、富者愈富"的财富分化局面。如果数字经济缺乏有效引导，容易导致阶层固化与数字鸿沟的相互强化，阻塞社会向上流动的通道，成为实现共同富裕的新挑战。

(四) 数字经济领域的社会保障体系有待完善

随着数字经济的高速发展，新业态从业者数量持续增长，然而，数字经济领域的社会保障不足问题已逐渐显现。首先，数字经济领域的法律规范相对滞后，现行的劳动法等法律规范主要针对传统稳定型就业关系制定，而随着数字经济的发展，劳动关系呈现出劳务化的发展趋势，使得现有法律法规在维护数字劳动权益方面面临适用性挑战。其次，多数新就业形态劳动者的经济和社会地位有待提升。尽管数字生产率的提高带来了利润增长，但劳资双方在利润分配上并不均衡。新就业形态劳动者往往面临工作强度大、待遇水平低的困境，实际待遇与价值创造之间存在较大差距，这不仅削弱了他们的职业认同感和归属感，也对维护社会稳定和实现共同富裕构成了潜在风险。

因此，制定数字赋能共同富裕的政策和保障措施时，必须充分考虑数据安全与隐私、数字鸿沟、发展不充分不平衡、新就业形态劳动者权益保障不足等问题，充分释放和共享数字经济的发展红利，扎实推进共同富裕的进程。

三、数字赋能共同富裕的政策诉求

为有效应对数字经济发展可能对共同富裕带来的冲击，需加强制度和政策供给，确保数字经济朝着健康、有序的方向发展，推动共同富裕事业稳步前进，实现数字经济对共同富裕赋能效用的最大化。

（一）规范数字经济监管

在数字经济发展初期，政府往往采取较为宽松的监管政策，为数字经济的迅猛发展提供了广阔空间。然而，随着市场垄断、资本无序扩张、数字隐私与安全等问题的逐渐显现，规范数字经济监管已成为当务之急。政府应从立法、执法和司法等法治建设的全过程出发，构建与数字经济发展特征相适应的法律体系、政策体系和监管体系，建立健全数字化治理体系，依法依规加强数字经济监管，找到监管与创新的平衡点，为数字赋能共同富裕营造良好的法律制度环境。

（二）推动数字经济均衡发展

为有效应对数字经济在区域、城乡、行业间的发展不平衡不充分问题，政府需实施一系列差异化政策，精准施策。首先，加大数字基础设施建设投入，特别是对欠发达地区的支持，确保全民都能享受便捷的数字服务。其次，推动区域协同发展，促进城乡数字资源共建共享，打破地域壁垒。同时，深化数字经济与实体经济的融合，提升传统产业的数字化、智能化水平，培育新兴产业，优化产业结构。此外，加大政策扶持力度，鼓励企业创新，提升产业数字化协同水平。同时，建立科学的评估与反馈机制，及时调整政策，确保政策的有效性。

（三）消除"数字鸿沟"

为实现共同富裕目标，政府需多管齐下应对数字鸿沟问题。首先，从政策层面打破寡头垄断、打击不正当竞争，营造公平的数字市场环境。其次，降低数字资源获取门槛，加强数字基础设施建设，确保全民都能享受便捷的数字服务。同时，普及数字教育，提升全民数字素养，建立数字资源共享机制，促进资源均衡分配。此外，强化政策引导与监管，关注弱势群体，确保他们不被数字时代所遗忘。最后，建立评估与反馈机制，及时调整和优化政策，确保数字经济的公平、健康、有序发展。

（四）完善促进共同富裕的配套政策

为实现共同富裕，应充分发挥数字技术的赋能作用，推动相关政策的集成化、精准化建设，加快构建有助于实现共同富裕目标的劳动就业、财政税收、公共服务、社会保障、金融服务等关键领域的政策制度，形成以发展型政策为根本、以兜底型救助型政策为保障、以高水平共同富裕为根本遵循的政策框架和制度安排，为共同富裕取得更为实质性的进步提供保障。例如，可借助先进的数字分析工具，对税收调节的关键节点和财政资源的分配流向进行精细化测算，精准匹配共同富裕所需的资源调配模式；依托强大的数字平台，打破地域和层级限制，实现服务资源的高效统筹与精准推送，让优质公共服务触手可及；通过数字创新不断拓展普惠金融服务的边界与深度，切实增强金融服务实体经济和民生的能力，为各类市场主体和人民群众提供更加便捷、高效的金融支持。

第二节　数字赋能保障共同富裕的实践案例

作为数字经济的先行者，浙江省在数字乡村建设方面一直位于全国前列。近年来，浙江以数字化改革为强劲动力，着力加快数字乡村高质量发展的步伐，以促进乡村全面振兴和农业农村现代化，成为数字赋能共同富裕的典范。数字乡村是信息化、网络化和数字化理念与技术在农业农村应用的成果，不仅是中国农民增收、乡村振兴的战略指引，更是建设数字中国、实现城乡融合发展的关键组成部分。数字乡村建设的部分政策如表6-1所示，这些政策为包括浙江省在内的各地数字乡村发展提供了宏观指导和支持框架。接下来将介绍在各类政策保障和支持举措的引导和保障下，浙江省在数字乡村建设重点领域中的具体实践（见表6-2）。

表6-1　　　　我国数字乡村建设的政策演进

时间	政策文件	相关内容
2018年	《关于实施乡村振兴战略的意见》	正式提出要"实施数字乡村战略"
2019年	《数字乡村发展战略纲要》	明确数字乡村建设的重点任务以及战略目标，为数字乡村建设指明了方向
2020年	《数字农业农村发展规划（2019—2025年)》	要求大力推进数字技术在农业农村领域的应用
2021年	《中华人民共和国乡村振兴促进法》	"推进数字乡村建设"写入《中华人民共和国乡村振兴促进法》

续表

时间	政策文件	相关内容
2022年	《数字乡村发展行动计划（2022—2025年）》	进一步明确"十四五"时期数字乡村发展目标、重点任务和保障措施，对数字乡村工作进行全面部署
2023年	《2023年数字乡村发展工作要点》	明确提出到2023年底，数字乡村发展取得阶段性进展

表6-2　　　　数字乡村建设重点领域的浙江案例

重点领域	实现方式	浙江案例
数字生产	数字技术作为一种全新的生产要素，与农业经济相融合，赋能农业生产、管理经营、销售流通等全过程，进而催生农村经济发展新产业、新业态、新模式	安吉县数字化赋能白茶产业高质量发展
数字生活	利用数字技术重构农村生产要素，扩大农村数字生活的范围，为村民提供智能化、个性化、便利化的乡村服务	杭州萧山区瓜沥镇梅林村——数字乡村添彩美好生活
数字生态	数字乡村建设中数字生态建设是绿色发展的基本要求，利用数字技术推进农村自然、人文和社会的整体生态环境优化，促进农村生态环境可持续发展	桐庐县桐君街道推出"亲清地图"，让"智"治有方
数字治理	建立健全数字化治理体系，推动乡村治理从经验式治理转向精准化治理，从少数人参与的治理转向多数人参与的治理，使乡村内外治理更加高效和智能	湖州市长兴县以数字化改革引领河湖长制工作迭代升级

一、数字生产案例——安吉县白茶产业数字化转型

湖州市安吉县积极响应浙江省数字化改革的总体要求，通过机制创新、数字赋能打通县、乡、村之间的沟通壁垒，全力加速数字乡村建设，

推动安吉白茶产业数字化转型与升级。安吉县采用"产业大脑+超级工厂"模式，构建了一套覆盖白茶生产、流通、销售、服务等各环节的数字化应用场景，实现了全链条的数字化监管，确保茶叶总量可控、来源可查、质量可溯。产业大脑基本架构如图6-2所示。

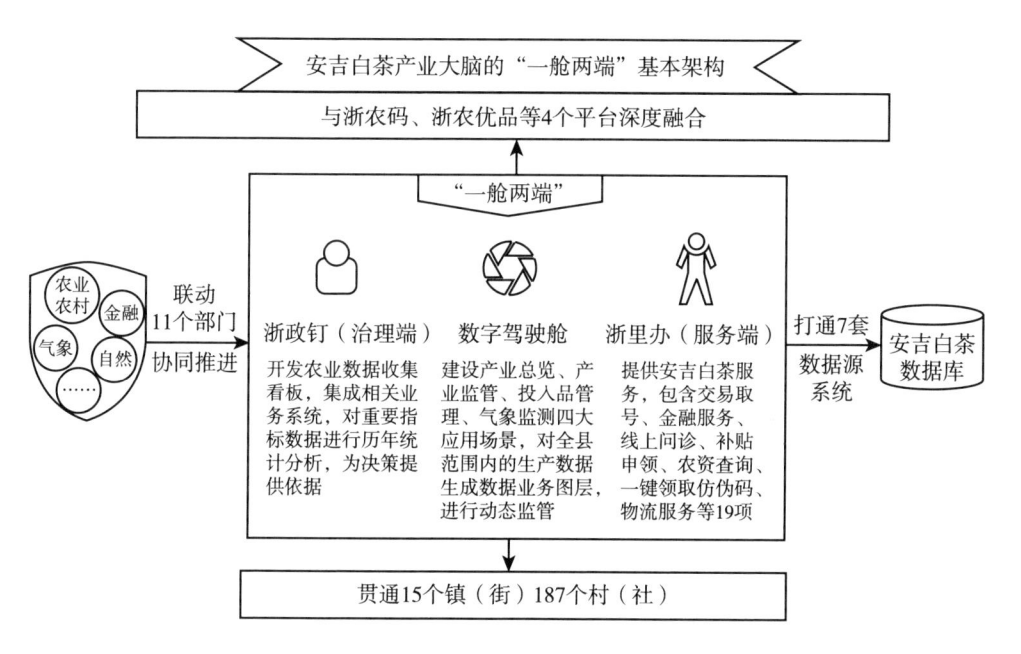

图6-2 安吉县白茶产业大脑基本架构

安吉县以"白茶产业一张图、生产监管一本账、品牌保护一个标、未来农场一体化、白茶服务一件事"搭建安吉白茶产业数字化管理新模式，积极推动政银担合作，借助"浙里担"应用开展农业融资担保服务。与甲骨文超级码、阿里巴巴等国内知名高新技术企业深度合作，建设集"监控、调度、展示"等功能于一体的数字化公共服务中心，打造白茶产业大数据综合管理体系。通过浙农码技术，为白茶产业链中的人、物、组织赋予唯一数字身份，实现"一村一码、一户一码、一企一码、一物一码"的全产业数字化，构建完善的基础信息库。茶农和茶企可通过全省浙农码安吉白茶大数据交易平台凭"码"交易，以"码"控制交易数量及账户余量,从而解决品牌数字化保护问题。此外,各环节的数字化应用场景成功打通了多个平台和系统,实现了茶农、茶企、消费者之间土地信息、农户信息、农资信息、交易信息等数据的协同整合,有效打破了信息"孤岛",为安吉白茶产业的可持续发展注入了强劲动力。

依托先进的"白茶产业大脑",安吉县同步推进"数字工厂"建设,对生产控制系统、仓储管理系统、加工装备等进行全方位的数字化升级改造,推动茶农和茶企实现茶叶生产智能化、规模化,进一步降低成本,提升效益。同时,借助物联网监测设备所采集的数据信息,通过智能分析,精准实施白茶生产预警,提升白茶产业监测预警的服务水平。

"产业大脑+超级工厂"的创新模式以数字化为强劲引擎,深入推进安吉白茶产业创新发展,促进了乡村产业数字化和数字产业化。安吉也在数字乡村建设和乡村振兴方面走在全国前列,成为数字赋能共同富裕的优秀典范。

二、数字生活案例——梅林村科技赋能美好生活

浙江省杭州市萧山区瓜沥镇梅林村规划并实施了工业厂区、农业园区、住宅楼区"三区合一"新农村建设蓝图,对住宅样式、休闲公园、乡村道路等进行统一规划、设计、建设和管理,在全省率先建成了社会主义新农村样板,显著改善了居民的生活环境。同时,梅林村还在公共服务方面打造了美好生活中心、24小时乡村数字书房、乡村影院、智慧健康服务站、无人超市等多元化公共服务场景,并将服务设施与周边多村共享,极大提升了公共服务的普及率和水平。通过"健康大脑+智慧医疗"建设,村民可享受智慧化的卫生健康服务,实现"慢病配药不出村"。河边的数字跑道,人脸识别后自动记录跑步距离和卡路里消耗。

数字公交站更是提供了实时天气、车辆到站和公交路线等信息查询服务，便捷了村民的出行。

梅林村以技术创新为驱动，创办村办企业率先领富，村企联建共创反哺致富，多村抱团发展奔向共富，成功引领更多梅林村民投身创新创业的浪潮之中。此外，梅林村依托"美丽田园+"模式，大力拓展观光农业与数字农业，打造爱迪尔集团"近零碳"工厂，深度挖掘并培育乡村新业态，为村民拓宽了增收渠道，也为美丽乡村建设构筑了坚实基础。

三、数字生态案例——桐庐数字赋能基层"智治"

为破解农村资产、资源和资金"三资"管理模糊、信息不透明等难题，桐庐县创新性地将数字技术融入基层监督体系，成功打造了浙江全省首张"亲清地图"，如图6-3所示，起底以往难以察觉的不良行为，为乡村治理注入了新活力。

"亲清地图"系统聚焦群众高度关注的村级"三小"领域，通过一图集成、一码通行、三色预警，为清廉乡村建设提供了有力支撑。街道各村（社区）都拥有专属二维码，实现一村一码，村（居）民只需扫码即可实时查询本村项目、资产、资源、农房审批等信息，精准掌握项目推进速度和资金流向，让信息更加公开透明。

在"廉政风险预警"方面，将各类数据录入"廉政风险指数"模块后，系统会对工程建设、补助资金、资产资源承租等信息数据进行比对核查，一旦发现异常，系统立即发出预警，相关工程随即暂停，从而有效保障了乡村事务的廉洁性和规范性，筑牢了乡村廉政的坚固防线。

桐庐打造的"亲清地图"，允分发挥了数字技术和智慧治理在强化日常监督、提升基层治理能力中的重要作用，以"智治"推动清廉村居

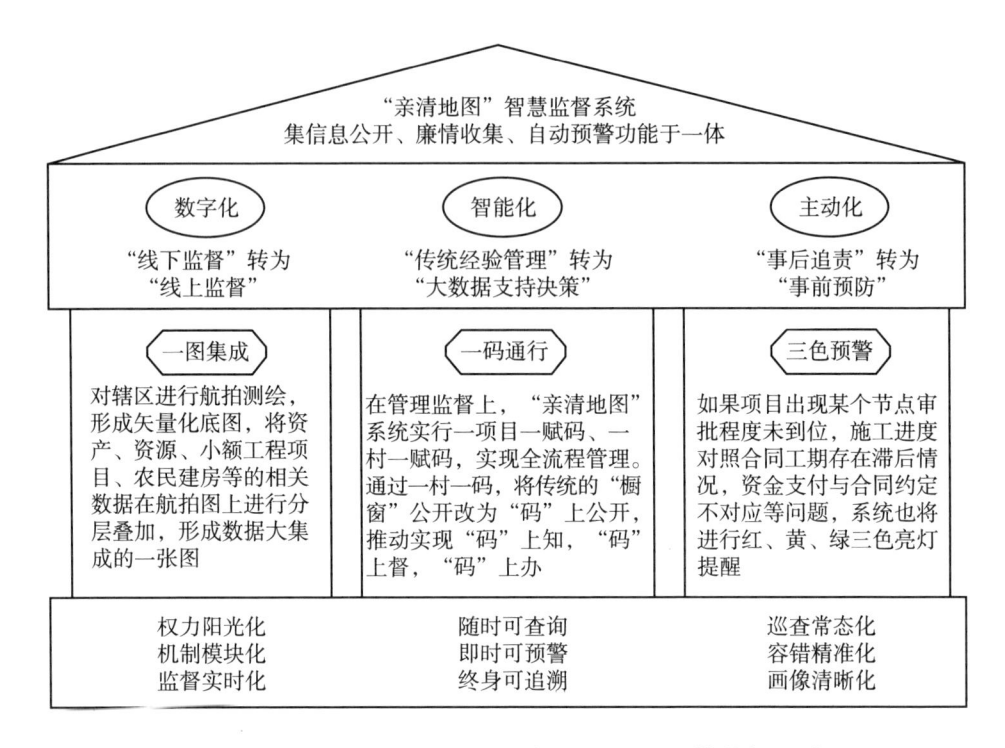

```
                    "亲清地图"智慧监督系统
              集信息公开、廉情收集、自动预警功能于一体

       ( 数字化 )              ( 智能化 )              ( 主动化 )
    "线下监督"转为        "传统经验管理"转为         "事后追责"转为
    "线上监督"            "大数据支持决策"           "事前预防"

       ( 一图集成 )           ( 一码通行 )           ( 三色预警 )
    对辖区进行航拍测绘,    在管理监督上,"亲清地图"   如果项目出现某个节点审
    形成矢量化底图,将资    系统实行一项目一赋码、一   批程度未到位,施工进度
    产、资源、小额工程项   村一赋码,实现全流程管理。 对照合同工期存在滞后情
    目、农民建房等的相关   通过一村一码,将传统的"橱  况,资金支付与合同约定
    数据在航拍图上进行分   窗"公开改为"码"上公开,    不对应等问题,系统也将
    层叠加,形成数据大集   推动实现"码"上知,"码"    进行红、黄、绿三色亮灯
    成的一张图           上督,"码"上办           提醒

       权力阳光化            随时可查询              巡查常态化
       机制模块化            即时可预警              容错精准化
       监督实时化            终身可追溯              画像清晰化
```

图 6-3 桐庐县桐君街道"亲清地图"智慧监督系统

建设,为乡村振兴提供了有力保障。

四、数字治理案例——长兴数字赋能河湖长制

长兴县针对河湖长制中数据分散、履职难以量化、公众参与度不高等痛点,深入推进河湖长制数字化改革,构建"1+4+3+N"改革体系,即构建1个数字平台,再造4大工作流程,形成3个标准体系,配套N个保障制度。深化"长兴河长在线"多跨应用场景,实现河湖长一张图总览全域、河湖长履职协同闭环、考核评价客观公正、系统治理全面高效,有力推动了河湖长制工作的迭代升级,确保了河湖长制"有名有实、有能有效"。长兴河长在线平台不仅能够实时跟踪各类问题的发现与处置动态,还能宏观了解涉水问题的协同处置情况。此外,通过治

理端（浙政钉）和服务端（浙里办）的紧密联动，打造了社会各界共同问水、护水、管水的统一平台，提升了公众的参与度。

无论是"长兴河长在线"治理服务应用场景的打造，还是治理端与服务端数智通道的打通，都标志着河长制从"人治"向现代"智治"的推进，为以数字化改革推动河湖生态治理提供了参考模板。

第三节 数字赋能推动共同富裕深入的保障措施

本节围绕在高质量发展中实现共同富裕的目标，以促进经济增长、优化收入分配和协调区域发展为建设思路，从高质量发展、协调发展、普惠共享和改革创新四个方面（见图6-4）探讨保障数字赋能经济增长的同时实现均衡性发展的保障措施，使数字经济在实现共同富裕的进程中发挥持续赋能效应（见图6-5）。

图6-4 保障数字赋能共同富裕的四个方面

数字赋能推动共同富裕：基于浙江实践

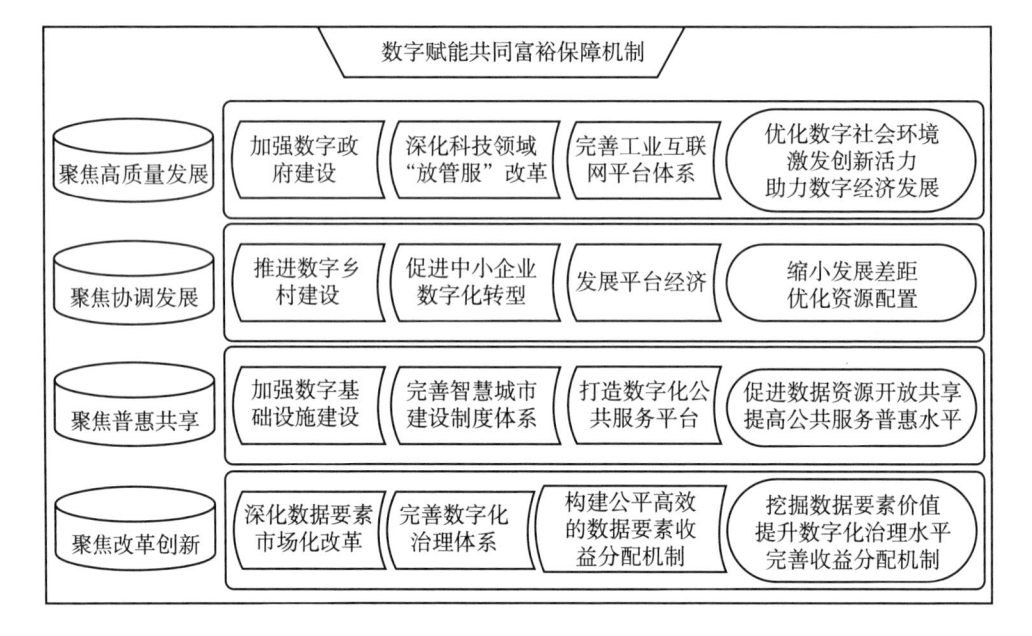

数字赋能共同富裕保障机制				
聚焦高质量发展	加强数字政府建设	深化科技领域"放管服"改革	完善工业互联网平台体系	优化数字社会环境 激发创新活力 助力数字经济发展
聚焦协调发展	推进数字乡村建设	促进中小企业数字化转型	发展平台经济	缩小发展差距 优化资源配置
聚焦普惠共享	加强数字基础设施建设	完善智慧城市建设制度体系	打造数字化公共服务平台	促进数据资源开放共享 提高公共服务普惠水平
聚焦改革创新	深化数据要素市场化改革	完善数字化治理体系	构建公平高效的数据要素收益分配机制	挖掘数据要素价值 提升数字化治理水平 完善收益分配机制

图6-5 数字赋能共同富裕的保障措施

一、聚焦高质量发展，做强做优做大数字经济

（一）加强数字政府建设

数字政府建设对推动数字经济发展展现了强大的引领作用，在政府管理服务领域掀起了一场深刻变革。通过广泛应用数字技术为政府赋能，推动其在社会治理架构、服务组织形式以及决策模式等方面发生变革，有助于构建协同高效的政府数字化履职能力体系，优化数字社会环境，营造良好数字生态，为数字经济迈向高质量发展筑牢坚实根基。

2022年6月，《国务院关于加强数字政府建设的指导意见》出台，为数字政府建设指明了方向。在数字化改革助力政府职能转变方面，完善与数字化发展相适应的政府职责体系，强化数字经济、数字社会、数字和网络空间等治理能力,助力优化营商环境。在助推数字经济发展方面,以数字政府建设为牵引,拓展经济发展新空间,培育经济发展新动能,提高数字经济治理体系和治理能力现代化水平;准确把握行业和企业发展需求,打造主动式、多层次创新服务场景,精准匹配公共服务资源,提升社会服务数字化普惠水平,更好地满足数字经济发展需要。在创新数字政府建设管理机制方面,推动数字普惠,加大对欠发达地区数字政府建设的支持力度,加强对农村地区资金、技术、人才等方面的支持,扩大数字基础设施覆盖范围,优化数字公共产品供给,加快消除区域间"数字鸿沟"。在营造良好数字生态方面,规范数字经济发展,健全市场准入制度、公平竞争审查制度、公平竞争监管制度,营造规范有序的政策环境。

(二)深化科技领域"放管服"改革

随着创新驱动发展战略的深入实施,大众创业、万众创新广泛开展。然而,与美国、日本等发达国家相比,我国数字技术发展仍存在差距,特别是核心技术和关键技术的原始创新不足。因此,政府需持续深化科技领域的"放管服"改革,坚定不移地以科技创新为支撑,推动数字经济高质量发展。

深化科技领域"放管服"改革一方面要加大基础研究投入和关键核心技术研发的财政支持,加快建设创新策源地,深入探究"卡脖子"技术的基础理论和技术原理,力求在重大科学问题上实现原创性、颠覆性创新。另一方面,依托有实力的企业、高校等创新主体,搭建技术创新平台,开展关键核心技术攻关和科技成果转化。积极拓展科技开放合作新渠道,聚焦关键核心技术的创新,开展国际联合研发计划,进一步融入全球科技创新合作网络。同时,简政放权,合理扩大科研团队的处置权和收益权,充分激发创新活力。优化科研项目管理流程,精简项目申报环节，切实减轻科研人员负担。健全企业、人才激励机制，加快培育数字化专业人才，鼓励中小企业实行数字化转型，壮大科技创新队伍。

（三）完善工业互联网平台体系

工业互联网作为新一代信息技术与制造业深度融合的产物，已成为数字经济在工业制造业领域落地的关键抓手。工业互联网平台作为工业互联网的中枢，是推动制造业数字化转型的重要力量，有助于实现工业制造资源的泛在链接、弹性供给和高效配置，推动工业生产和商业模式的创新与升级，助力数字经济高质量发展。

随着各省智能制造工程的深入推进，出现了一批区域级、行业级、企业级的工业互联网平台。然而，真正实现跨行业、跨领域的平台较少，在技术能力和工业服务方面尚显不足，制约了工业互联网平台核心能力的发挥。优化产业数字化仍需不断推进工业互联网平台建设。坚持企业为主体、市场导向、政府有为的基本原则，不断提升"1+N"工业互联网平台体系的质量和覆盖面，力争实现百亿以上产业集群工业互联网平台和重点细分行业中小企业数字化改造的全覆盖，打造具有国际影响力的数字产业集群。充分发挥制造业和互联网的双重优势，围绕研发设计、生产制造、运营管理、产品服务等环节，推进"5G+互联网"的融合创新，培育工业数字化发展的新业态、新模式，深化智能制造领域的应用场景。同时，围绕产品迭代、模式创新和场景应用，推动5G、大数据、人工智能等新一代数字技术加速向传统产业渗透，形成制造业与数字经济、现代服务业互促共进的发展态势，推动制造业与数字经济、现代服务业融合发展。

二、聚焦协调发展，精准发力促进共同富裕

(一) 推进数字乡村建设

当前，城乡发展不平衡和农村发展不充分的问题成为全面推进乡村振兴的艰巨挑战，农村地区所面临的任务依旧艰巨。为此，中央政府部门积极加强与地方政府的沟通衔接，推进数字乡村试点建设，聚焦乡村"新基建"落后、城乡数字鸿沟大、乡村数据"智理"能力低下等关键问题，探索更多数字经济与乡村产业深度融合的新模式，加速数字技术在乡村振兴中的渗透和应用，让数字经济成为助力乡村振兴的强劲引擎。

进一步推进数字乡村建设，首先，加强顶层设计与政策支持，制定专项规划明确数字乡村建设的目标、任务和时间表，并出台一系列优惠政策，鼓励企业、社会组织和个人参与，形成多方合力。其次，提升数字基础设施建设，完善农村地区宽带网络和4G/5G移动网络建设，实现网络全覆盖，并推进新型基础设施建设，为乡村数字化转型提供坚实支撑。再其次，深化数字技术与农业的融合，推广智能农业应用，提高农业生产效率，建立农产品溯源体系，提升农产品质量和安全；同时，拓展数字服务领域，打造数字化服务平台，推进政务服务数字化，让农民享受便捷的公共服务；开展多层次、多形式、全方位的数字教育培训，助力农民熟练掌握数字技能，培育适应新时代要求的新型职业农民队伍，为乡村的可持续发展注入动力。最后，加强数据治理与安全保障，建立数据治理体系，规范数据管理，提升网络安全防护能力，防范网络攻击和信息安全风险。

(二) 促进中小企业数字化转型

中小企业是我国经济发展的最大市场主体，也是数字化转型的短板

和难点所在。尽管大部分中小企业已经认识到数字化转型的重要性，但融资难、融资贵、经营成本高、核心竞争力弱等问题和挑战导致其转型程度远不及大型企业。因此，加快推进中小企业数字化转型，已成为我国数字经济高质量发展的当务之急。近年来，我国积极出台促进中小企业数字化转型的相关政策。一方面，先后出台多项专项政策，推动中小企业从信息化向数字化转变；另一方面，出台多项政策推动大中小企业在数字化领域实现协同配套、融通发展，助力中小企业的数字化转型。

在国家政策的指引下，需聚焦补足短板，制定科学精准的帮扶政策，优化营商环境，全力推进中小企业数字化转型，在减税降费、惠企政策等方面精准发力，为企业创造最大程度的松绑条件，充分释放企业创新活力。在金融服务方面，根据中小企业的经营特点，提供高适配、关怀式的数字普惠金融产品，解决融资难、融资贵、融资慢的问题。在人才供给方面，推进数字化高层次人才培养模式改革，深化政产学研融合，加快培育专业数字化人才。同时，推动国内外引才链、资金链、产业链有效对接，提高数字化人才待遇水平，吸引和留住人才，激发其为中小企业数字化转型贡献才干的积极性。同时，进一步深化简政放权，简化企业创新项目审批、优惠政策办理等流程，降低市场主体制度性交易成本，为中小企业数字化转型提供便利。此外，在完善数字基础设施及生态建设、降低市场准入门槛等方面全面助力中小企业实现数字化转型。

（三）发展平台经济

平台经济凭借开放共享、互利共赢的显著特点，在推动产业升级、优化资源配置等方面发挥着不可替代的作用。它不仅是发展数字经济的主力军，更是实现共同富裕的重要载体。

借助平台优势发展共享经济、推进乡村振兴、助力绿色发展、推动慈善事业等，是平台经济助力共同富裕的重要途径。首先，依托电商平台发展共享经济，盘活闲置资源，优化资源配置。其次，利用互联网、大数据等先进数字技术，搭建高质量的涉农平台，精准匹配供需信息，提供稳定的农产品销售渠道和农业产业链金融服务等，助力农民脱贫，推进乡村振兴。再其次，充分发挥平台经济在提高资源配置效率和提升产业水平方面的低成本优势，降低生产能耗，减少污染物排放，助力绿色产业发展，为共同富裕增添绿色底色。最后，依托平台经济搭建数字化公益平台，推进慈善捐赠、志愿服务、民间互助等公益活动实现线上线下有机结合，创新公益事业的运行方式，进一步提升第三次分配的实效。

三、聚焦普惠共享，推动基础设施和公共服务均等化

（一）加强数字基础设施建设

数字基础设施是数字经济蓬勃发展的重要基础，有助于实现信息化、普惠性，促进数字经济红利共享。2023年3月，中共中央、国务院联合印发的《数字中国建设整体布局规划》明确指出，数字中国建设需夯实数字基础设施和数据资源体系。因此，应高度重视并加强数字基础设施建设，推动基础设施均等化，充分激发数字经济发展活力，为加速实现共同富裕提供强力支撑。

首先，健全信息通信网络，加快建设新一代移动通信网络设施。将5G网络与千兆光网深度融合，推进移动物联网全面发展。其次，整体提升应用基础设施水平。加快传统基础设施的数字化、智能化改造进程，重视大数据等智能化信息基础设施的建设和完善。同时，有针对性、前瞻性地布局新基建。最后，构建数字信息共享系统。通过建设公共卫生、科技、教育等重要领域的国家数据资源库，推动公共数据汇聚利用，畅通数据资源大循环，为实现共同富裕提供强劲动力和有力支持。

(二) 完善智慧城市建设制度体系

智慧城市作为新一代信息技术与城市发展深度融合的产物，有助于提升公共服务数字化水平，推动社会服务普惠共享。近年来，深圳、武汉等多地纷纷出台推进数字城市建设的相关政策，在公共服务、城市治理等领域打造数字化标杆。智慧城市建设实质上是一个以数字技术为引擎，推动城市治理变革的过程。它并非简单地运用技术手段进行城市治理，而是通过信息处理、技术升级和资源配置三大机制，实现社会治理的主客体、制度、方法之间的相互协调和高效运作，从而全面提升城市治理水平。例如，在交通出行领域，通过监控摄像头收集车流量信息，并结合算法计算出合理的红绿灯停留时间，有效缓解城市交通拥堵问题。深化智慧城市建设的体制机制改革，关键在于优化三大传导机制，利用有效途径有针对性地采取措施，充分发挥信息、技术和资源的综合推进作用。在大力发展智慧城市建设的同时，还应充分认识到其可能产生的负面效应，需制定严格的信息安全标准、防控策略和保障方案，建立完善的数字资源安全管理规章制度，实现智慧城市的健康、安全、可持续发展。

(三) 打造数字化公共服务平台

针对企业数字化转型的共性问题，搭建数字化转型服务平台，融合线上服务和线下服务，提供包括政策解读、数字案例展示、数字诊断、学习培训等多个板块，为企业提供"一站式"数字化转型服务，切实解决转型过程中的难题。同时，打造面向社会各界的开放性数字化公共服务平台，提供政策支持、法律服务、技术服务、咨询规划等公共服务内容，推动公共资源开放共享，缩小数字鸿沟，推动数字公共服务普惠发展。比如，关注数字化程度较低的群体，通过平台提供专门的技术服务支持，培养和扩展他们的数字技能，让数字经济的普惠性和共享性落到实处。此外，数字化公共服务平台建设还需扩展到教育、医疗、文化、环保等多个领域，持续深化数字公共服务的综合应用场景，实现更高水平的供需对接，以及更广范围的优质资源共享，让数字经济的红利惠及每一个人。

四、聚焦改革创新，发挥持续赋能效应

（一）深化数据要素市场化改革

为了充分发挥数据资源的价值，亟须加快培育数据要素市场，完善数据确权、开放共享、流通交易等标准和规范，以保障数据要素高效流通，推动数据资源深度开发利用。

2019年，《中共中央关于坚持和完善中国特色社会主义制度推进国家治理体系和治理能力现代化若干重大问题的决定》将数据列为继土地、劳动力、资本、技术、信息之后的第六大生产要素，同时，我国也积极开展数据要素市场化制度建设的探索。数据要素市场化应着重在数据要素供给、流通和价值创造等方面发力。首先，建立高效的数据收集、整理和加工机制，确保数据供给的规范性、易管理性和可用性。其次，打造便捷高效的数据交换平台，使数据流通更加自由和安全。同时，明确数据要素的价值和用途，为不同领域和行业提供有价值的数据支持和服务。数据要素市场建设还需高度重视数据安全，切实保障数据要素的合法权益。此外，应持续深化简政放权，妥善处理政府与市场的关系，让企业真正成为要素配置的主体，充分激发市场要素活力，促进数据要素的高效配置。

（二）完善数字化治理体系

数据是数字经济的核心资源，但海量数据的涌现也带来了一系列挑

战，使数字治理成为推动数字经济高质量发展的关键议题。针对这一现状，中央网络安全和信息化委员会在《"十四五"国家信息化规划》中提出构筑共建共治共享的数字社会治理体系、建立健全规范有序的数字化发展治理体系等十项重大任务，为建立健全数字化治理体系提供了行动指南。

数字治理是一项综合性、多层面的治理工程，首先需深入开展数字经济领域的立法研究，汇聚多学科智慧，加强对数据资源利用与保护、平台经济发展与监管等关键问题的研究，不断完善数据交易、数据安全、数据确权等方面的法律法规、制度体系和伦理道德，确保数据的安全、可靠和可控。同时，强化涉外立法工作，积极统筹国内法治与涉外法治，以有效管理我国数据资源的产权和安全问题。针对数据鸿沟、市场垄断、流量垄断等突出难题，建立市场化、法治化、数字化的协同监管机制，提升数字治理能力，完善竞争监管执法体系，营造公平竞争的市场环境。同时，在数字技术的赋能下，广泛动员社会力量参与数字治理，构建政府监管、企业自治、行业自律、市场监管"四位一体"的新治理机制，形成强大的治理合力。通过建设公平规范的数字治理生态，建立健全与数据要素市场相配套的监管制度和措施，提升治理的数字化水平，引导市场良性竞争，推动数据要素市场实现高质量发展，进而充分发挥要素市场化配置在数字经济赋能共同富裕中的重要作用。

（三）构建公平高效的数据要素收益分配机制

数据价值的形成与创造离不开多资源的投入和多主体的参与，收益分配的不合理可能削弱各主体参与的积极性，阻碍数据要素市场化进程。2022年，《中共中央、国务院关于构建数据基础制度更好发挥数据要素作用的意见》提出"建立体现效率、促进公平的数据要素收益分配制度"，以优化分配结构，扎实推进共同富裕。

遵循"谁投入、谁贡献、谁受益"的原则，推动数据要素收益在初次分配阶段合理倾斜于价值创造者；在二次分配和三次分配阶段，重点关注公共利益和相对弱势群体。首先，以市场贡献度为标尺，探索建立与数据要素价值和贡献相匹配的初次分配机制。在明确个人、企业、公共数据分享价值收益方式的基础上，建立健全市场评价机制，推动数据要素收益合理倾斜于数据价值和使用价值的创造者，让劳动者的劳动付出和劳动报酬相匹配，从而激发数据价值创造和价值实现的正向激励作用。

其次，加强数字经济税收立法，健全适应数据要素特点的税收征收管理制度，在各收入主体之间进行再分配，充分发挥税收的调节作用。融合现代化信息技术和税务监管体系，推动税收征管数字化，加强对高收入群体的税收征管，清理规范不合理收入，进一步缩小收入差距，实现"扩中""提低"的目的。

最后，借助科技向善的力量，引导和支持有意愿、有能力的企业和社会群体孵化面向社会的公益性数据应用和服务，对数据要素和数据资源进行第三次分配，优化数据资源配置，助力实现"数据"共同富裕。

参考文献

［1］本刊编辑部．开拓"扩中""提低"新路径［J］．浙江经济，2023（6）：1．

［2］曹国娇．浙江省推进城乡协调发展的举措与经验［J］．经营与管理，2018（4）：72－75．

［3］曹柬，马修岩，叶许红，綦方中，等．数字赋能产业转型升级：浙江探索与实践［M］．杭州：浙江大学出版社，2024．

［4］陈鼎．文旅发展迎上数字化浪潮［N］．中国青年报，2022－10－18（12）．

［5］陈静．碳汇生态产品价值实现路径研究［D］．杭州：浙江大学，2022．

［6］陈丽，孔繁东．文旅产业数字化转型研究文献综述［J］．边疆经济与文化，2023（3）：32－37．

［7］陈耘．"扩中提低"推动构建橄榄型社会结构［J］．宁波经济（财经视点），2022（12）：32－33．

［8］陈则谦，李亚灿．文旅融合场景中的数字化服务：主要类型及用户体验研究［J］．图书与情报，2022（5）：71－83．

［9］程佳俊，华锐．用数据为低收入群体精准画像——助力共同富裕的"平湖实践"［J］．中国社会保障，2022（11）：76－77．

［10］楚尔鸣，唐茜雅．智慧城市建设提升市域社会治理能力机制研

究——来自中国智慧城市试点的准自然试验［J］. 中南大学学报（社会科学版），2022，28（4）：139-150.

［11］创新上城. 上城区元宇宙日报｜走进凌迪科技［EB/OL］.（2023-05-23）［2025-03-01］. https：//mp. weixin. qq. com/s/jn0ifyZ9JogVyjfmfOCgMw.

［12］邓小平. 在武昌、深圳、珠海、上海等地的谈话要点［J］. 政策，2018（12）：17-22.

［13］董小凡. 数字普惠金融推进共同富裕的机制与路径研究［D］. 武汉：中南财经政法大学，2023.

［14］董雪兵，缪彬彬，倪好. 以高质量区域协调发展持续推动共同富裕［J］. 浙江大学学报（人文社会科学版），2022，52（5）：104-112.

［15］范瑞光，赵军锋. 赋能共同富裕的数字政府治理：结构、过程与功能——基于浙江经验的考察［J］. 电子政务，2023（1）：100-109.

［16］方建华. 数字化转型下浙江省宁波市文旅产业产教融合问题与对策研究［J］. 西部旅游，2023（9）：106-108.

［17］郭熙保，崔文俊. 我国城乡协调发展：历史、现状与对策思路［J］. 江西财经大学学报，2016（3）：58-71，131-132.

［18］郭晓琳，刘炳辉."浙江探索"：中国共同富裕道路的经验与挑战［J］. 文化纵横，2021（6）：32-40.

［19］国家工业信息安全发展研究中心. 2021年中小企业数字化转型案例［EB/OL］.（2022-03-29）［2025-03-1］. https：//cics-cert. org. cn/web_root/webpage/page_content_104005. html.

［20］国家工业信息安全发展研究中心. 2021年中小企业数字化转型应用场景解决方案案例［EB/OL］.（2022-04-14）［2025-03-1］. https：//cics-cert. org. cn/web_root/webpage/page_content_104006. html.

［21］韩文龙，蒋枢泓. 新发展阶段实现共同富裕的理论逻辑与实

现路径 [J]．社会科学战线，2022 (4)：95-102．

[22] 何承波．和谐社会下中国区域经济的现状及如何协调发展 [J]．经济研究导刊，2010 (21)：5-6．

[23] 胡优玄．基于数字技术赋能的文旅产业融合发展路径 [J]．商业经济研究，2022 (1)：182-184．

[24] 黄恒学．扩大中等收入群体的时代意义与实践路径 [J]．国家治理，2022 (3)：3-7．

[25] 黄馨仪．文旅融合背景下非遗数字化传播路径研究 [J]．大观（论坛），2022 (9)：108-110．

[26] 黄永富．中国区域经济协调发展的现状与对策 [C] //中国经济分析与展望 (2014~2015)．中国国际经济交流中心经济研究部，2015：17．

[27] 黄祖辉，傅琳琳．浙江高质量发展建设共同富裕示范区的实践探索与模式解析 [J]．改革，2022 (5)：21-33．

[28] 黄祖辉，张淑萍．中国共同富裕发展的时代背景与"提低"路径 [J]．江苏大学学报（社会科学版），2022，24 (4)：1-7，34．

[29] 姬旭辉．从"共同富裕"到"全面小康"——中国共产党关于收入分配的理论演进与实践历程 [J]．当代经济研究，2020 (9)：42-50．

[30] 江胜蓝．以数字经济的高质量发展赋能共同富裕示范先行 [J]．政策瞭望，2023 (3)：42-45．

[31] 金婧．共同富裕背景下数字普惠金融对乡村产业振兴的影响——基于省域面板数据的实证 [J]．商业经济研究，2022 (4)：177-180．

[32] 李海舰，杜爽．共同富裕问题：政策、实践、难题、对策 [J]．经济与管理，2022，36 (3)：1-10．

[33] 李亮亮，邢云文．数字经济赋能共同富裕：逻辑理路、问题指向与实践进路 [J]．经济问题，2024 (1)：10-17．

[34] 李胜定．发挥价格机制作用 助力共同富裕建设——浙江省探索

建设共同富裕示范区的经验及其启示［J］．价格理论与实践，2021（9）：56-58．

［35］李实．缩小收入差距的关键在"提低、扩中"［J］．浙江经济，2023（6）：21-23．

［36］李实．以收入分配制度创新推进共同富裕［J］．经济评论，2022（1）：3-12．

［37］李实，朱梦冰．推进收入分配制度改革促进共同富裕实现［J］．管理世界，2022，38（1）：52-61，76，62．

［38］李婷．浙江省文旅产业数字化转型现状及建议［J］．合作经济与科技，2021（7）：4-6．

［39］李翔，宗祖盼．数字文化产业：一种乡村经济振兴的产业模式与路径［J］．深圳大学学报（人文社会科学版），2020，37（2）：74-81．

［40］李晓东．价值互联网的"价值"所在［J］．人民论坛，2023（16）：29-33．

［41］李晓慧，李谷成．数字乡村建设与城乡收入差距：一个U型关系［J］．华中农业大学学报（社会科学版），2024（4）：12-24．

［42］李颖芳．基于数字经济时代的中小企业转型创新发展路径研究［J］．商业经济，2023（4）：27-29．

［43］李雨桐，薛钦源．数字化转型助力中小企业发展路径研究［J］．中国物价，2023（5）：104-107．

［44］厉以宁．股份制与现代市场经济［M］．南京：江苏人民出版社，1994．

［45］梁莹，温文．数字化助力乡村文旅产业融合创新发展的价值意蕴与实践路径［J］．旅游纵览，2023（14）：105-107．

［46］刘诚，夏杰长．数字经济助推共同富裕［J］．智慧中国，2021（9）：14-16．

[47] 刘培林, 钱滔, 黄先海, 等. 共同富裕的内涵、实现路径与测度方法 [J]. 管理世界, 2021, 37 (8): 117-129.

[48] 刘沛林, 李雪静, 杨立国, 刘颖超. 文旅融合视角下传统村落景观数字化监测预警模式 [J]. 经济地理, 2022, 42 (9): 193-200, 210.

[49] 刘双双, 段进军. 协调推进乡村振兴与新型城镇化: 内在机理、驱动机制和实践路径 [J]. 南京社会科学, 2021 (11): 47-55.

[50] 刘洋, 徐振宇. 文旅数字化的内涵演绎、现实挑战与推进机制 [J]. 青海社会科学, 2023 (2): 80-93.

[51] 刘应杰, 陈耀, 李曦辉, 等. 共同富裕与区域协调发展 [J]. 区域经济评论, 2022 (2): 5-15.

[52] 刘英基, 邹秉坤, 韩元军, 等. 数字经济赋能文旅融合高质量发展——机理、渠道与经验证据 [J]. 旅游学刊, 2023, 38 (5): 28-41.

[53] 卢臻. 文旅行业数字化火热融合之路加紧探索 [N]. 通信信息报, 2023-08-02 (08).

[54] 芦人静, 余日季. 数字化助力乡村文旅产业融合创新发展的价值意蕴与实践路径 [J]. 南京社会科学, 2022 (5): 152-158.

[55] 陆铭, 李鹏飞. 城乡和区域协调发展 [J]. 经济研究, 2022, 57 (8): 16-25.

[56] 吕臣, 王慧, 李乐军, 等. 数字文旅融合助力乡村振兴实现逻辑、路径与对策 [J]. 商业经济研究, 2022 (23): 137-140.

[57] 罗子泓, 张昊洋. 文旅拥抱数字化有哪些新玩法？[N]. 厦门日报, 2023-08-05 (A03).

[58] 毛平, 张禧. 全面推进乡村振兴背景下数字乡村建设要坚持"三个紧密结合" [J]. 现代化农业, 2024 (5): 52-55.

[59] 毛春红. 数字乡村赋能乡村振兴共同富裕的浙江经验 [EB/OL]. (2023-07-22) [2025-03-01]. https://mp.weixin.qq.com/s?__biz=

MjM5MDMzNDM0MQ==&mid=2651633108&idx=1&sn=ed55a2506fff6eafeb689bcb87f55548&chksm=bdbe793e8ac9f0281f4714b6dd12710ed27bb5df5ed2f91b3ecb2e4bc4f0b2f6ff740b17c7c4&scene=27.

[60] 欧阳日辉. 数据基础设施保障数据安全及高效流通 [J]. 人民论坛, 2024 (7): 70-75.

[61] 欧阳志云, 朱春全, 杨广斌, 徐卫华, 郑华, 张琰, 肖燚. 生态系统生产总值核算: 概念、核算方法与案例研究 [J]. 生态学报, 2013, 33 (21): 6747-6761.

[62] 潘靓艳. 为小微市场主体精准"画像"浙江嘉兴秀洲区依托"线上线下"双平台助力小微企业发展 [J]. 中国质量监管, 2023 (3): 56.

[63] 潘诗雨. 活态传承视角下扬州大运河数字化文创产品创新策略研究 [J]. 明日风尚, 2022 (21): 179-182.

[64] 潘锡泉. 中国式现代化视域下数字乡村建设助力共同富裕的实现机制——基于产业结构升级的中介效应分析 [J]. 当代经济管理, 2023, 45 (8): 39-45.

[65] 彭筱涵. 数据要素收益分配的困境检视与纾解路径 [J]. 科技创业月刊, 2024, 37 (8): 137-141.

[66] 秦杰, 程卓. 以数字化赋能农文旅新发展 [N]. 重庆政协报, 2023-05-09 (001).

[67] 秦书生, 吕锦芳. 习近平新时代中国特色社会主义生态文明思想的逻辑阐释 [J]. 理论学刊, 2018 (3): 11-17.

[68] 邱伏生, 赵新阳, 李志强. 2021年制造企业供应链发展调研报告 [J]. 物流技术与应用, 2022, 27 (3): 68-77.

[69] 全佳瑛, 徐锐, 吴晶. 数字化改革赋能金华乡村振兴的路径 [J]. 中国外资, 2022 (18): 42-44.

[70] 任怡. 文旅融合背景下博物馆数字化建设 [J]. 丝绸之路,

2022（4）：136－139.

［71］单沁彤. 抢抓机遇，在数据基础制度改革上闯出新路——"数据二十条"解读及对浙江的启示［J］. 浙江经济，2023（2）：51－53.

［72］"三画像一漏斗"，构建招商引资的"天网"力石云招：数智精准辅助招商产品［J］. 信息化建设，2022（11）：46－47.

［73］沈文玮，李昱. 中国式现代化、数字经济和共同富裕的内在逻辑［J］. 经济纵横，2022（11）：1－7.

［74］数字化改革推进整体智治和精密智控——2021年数字经济"五新"优秀案例之"新治理"案例展示［J］. 信息化建设，2022（4）：39－51.

［75］孙豪，曹肖烨. 收入分配制度协调与促进共同富裕路径［J］. 社会科学文摘，2022（6）：84－86.

［76］孙宁，瞿阳，冯献，等. 数字乡村建设背景下对乡村文化振兴发展的思考［J］. 中国农学通报，2021，37（26）：159－164.

［77］唐任伍，马志栋. 平台经济助力共同富裕实现的内在机理、实施路径与对策建议［J］. 治理现代化研究，2023，39（4）：31－40.

［78］王丹竹，余鑫. 数字化赋能文旅产业高质量发展［J］. 产业创新研究，2023（17）：81－83.

［79］王艳飞，刘彦随，严镔，等. 中国城乡协调发展格局特征及影响因素［J］. 地理科学，2016，36（1）：20－28.

［80］王瑜. 城乡共富的浙江探索与战略路径选择［J］. 中国延安干部学院学报2023，16（1）：102－115，136.

［81］温州发改委. 两业融合｜典型案例之三：瑞明工业发挥链主优势探索全产业链协同创新融合发展新路径［EB/OL］.（2023－05－11）［2025－03－01］. https：//mp. weixin. qq. com/s? ＿biz＝MzI1NDIzMzAxNA＝＝&mid＝2247502052&idx＝1&sn＝0be1e62a88c30d98f2649f57188cab9c&chksm＝e9cad

83ddebd512b1accc89aca73b682d21c2fbe408a6e126387b3c4a50aaa71135a41e753ac&scene = 27.

[82] 吴江, 陈浩东, 陈婷. 中小企业数字化转型的路径探析 [J]. 新疆师范大学学报（哲学社会科学版）, 2024, 45 (1): 96 - 107, 2.

[83] 伍智鑫. 基于一卡通数据挖掘的高校贫困生精准扶贫应用研究 [J]. 湖南科技学院学报, 2019, 40 (4): 122 - 123.

[84] 奚家亮. 数字赋能"两山"转化的对策思考——以湖州市为例 [J]. 江南论坛, 2021 (8): 38 - 39.

[85] 席恒, 王睿, 祝毅, 余澍. 共同富裕指数: 中国现状与推进路径 [J]. 海南大学学报（人文社会科学版）, 2022, 40 (5): 45 - 57.

[86] 夏杰长, 刘诚. 数字经济赋能共同富裕: 作用路径与政策设计 [J]. 经济与管理研究, 2021, 42 (9): 3 - 13.

[87] 夏杰长, 刘培林, 王娴, 等. 多措并举扎实推动共同富裕 [J]. 农村金融研究, 2021 (12): 3 - 7.

[88] 夏杰长, 张雅俊. 数字经济赋能浙江共同富裕示范区建设: 作用机理与实施路径 [J]. 浙江工商大学学报, 2022 (5): 100 - 110.

[89] 向云, 陆倩, 李芷萱. 数字经济发展赋能共同富裕: 影响效应与作用机制 [J]. 证券市场导报, 2022 (5): 2 - 13.

[90] 谢加书, 张文华. 数字经济赋能共同富裕的逻辑机理、现实挑战与实践向度 [C] //高质量伙伴关系与全球可持续发展论文集（下）. 华南理工大学马克思主义学院, 2022.

[91] 谢加书, 张文华. 数字经济赋能共同富裕的逻辑机理、现实挑战与实践向度 [J]. 华南理工大学学报（社会科学版）, 2022, 24 (6): 25 - 32.

[92] 薛瑞汉, 张乃仁. 以数字化改革助推共同富裕 [J]. 理论导报, 2023 (2): 34 - 36.

[93] 薛艺凡. 浅谈产业数字化背景下的文旅行业视听交互应用[J]. 文化产业, 2022 (30): 130-132.

[94] 徐蕾. 中小企业数字化进程加速推进[EB/OL]. (2023-09-21) [2025-03-01]. https://mp.weixin.qq.com/s/HfTW-xP5MPJ-W_NrOFphUg.

[95] 晓玫微金. 数字经济如何充分促进共同富裕？包容性创新至关重要[EB/OL]. (2023-05-17) [2025-03-01]. https://mp.weixin.qq.com/s/cn7gtjtsNeTzyT_lgbxoLw?poc_token=HPTfnGej0ve9FpptSa6baCUNod8dPtTRByOQYLLs.

[96] 颜昌武. 智慧城市建设中的技术与智慧[J]. 浙江学刊, 2023 (5): 29-33.

[97] 燕连福, 牛刚刚. 新质生产力赋能共同富裕的内在逻辑与推进路径[J]. 马克思主义理论学科研究, 2024, 10 (2): 82 90.

[98] 姚鸟儿. 优化数字贸易生态 赋能两业融合发展[J]. 宁波经济（三江论坛）, 2022 (3): 9-13.

[99] 以数字化赋能文旅产业高质量发展[J]. 理论导报, 2023 (2): 28.

[100] 俞则忠, 俞佳浩. 浙江企业数字化发展探索[EB/OL]. (2023-08-31) [2025-03-01]. https://baijiahao.baidu.com/s?id=1775707579813827949&wfr=spider&for=pc.

[101] 郁建兴, 黄飚, 江亚洲. 共同富裕示范区建设的目标定位与路径选择——基于浙江省11市《实施方案》的文本研究[J]. 治理研究, 2022, 38 (4): 4-17, 123.

[102] 张德勇. 控高、提低、扩中：三管齐下[J]. 红旗文稿, 2013 (4): 15-16.

[103] 张明皓, 叶敬忠. 新时代城乡共同富裕的理论逻辑与实现路

径 [J]．农业经济问题，2023（1）：38-49.

[104] 张怡．企业数字化转型加速文旅振兴 [N]．昆明日报，2022-12-12（6）.

[105] 张瑜．数字化：文旅产业融合发展的新方向 [J]．现代职业教育，2021（1）：126-127.

[106] 赵东喜．文旅产业数字化助推乡村振兴的机制与路径研究 [J]．海峡科技与产业，2023，36（8）：53-57.

[107] 赵欢．论我国城乡统筹发展现状及趋势 [J]．贵州民族学院学报（哲学社会科学版），2009（3）：153-155.

[108] 赵梦．"十四五"时期数字经济赋能高质量发展的创新路径 [J]．西南金融，2023（3）：84-95.

[109] 赵娜，许哲铭．数字经济背景下文旅产业数字化转型研究 [J]．经济师，2023（3）：11-12.

[110] 钟秋兰．数字赋能文旅新生活 [N]．江西日报，2023-01-04（5）.